W0011493

INHALT

VORBEMERKUNGEN ZUR AUFLAGE

Der Roman The Great Gatsby ist klein im Umfang, aber groß in der Wirkung.

Er gewinnt an Spannung und Tiefe, je mehr er erforscht wird. Das liegt zum einen an der Sprache, die anzieht und einbezieht, das liegt zum anderen an der erzählten Handlung und ihren Figuren. Wer ihn analysiert, stellt vor allem fest, daß sich immer neue Beziehungen und Verweise auftun, daß der konkrete Roman die Spitze des Eisberges ist, von dem aus der unsichtbare Kosmos darunter erahnt werden kann. Für Fitzgerald war das die Geschichte der vergangenen Jahrhunderte, deren Träume und Konflikte bis in die Zeit des Romans, die Jahre nach dem Ersten Weltkrieg, fortwirkten. Der Roman liest sich also auch als Parabel der Moderne. Er ist geradlinig und vielschichtig zugleich.

Die vorliegende Interpretation ist das Ergebnis meiner Auseinandersetzung mit dem Autor und seinem Roman. Sie soll interessierten Lesern und Leserinnen den Zugang zum Werk Fitzgeralds erleichtern. Die folgenden Aspekte habe ich in den Mittelpunkt der Betrachtung gestellt:

1. Charakterisierung der Epoche, deren aufmerksamer und ironisch-einfühlsamer Darsteller Fitzgerald mit seinem Erzählwerk wurde.
2. Darstellung von Fitzgeralds Leitgedanken und Lebenserfahrungen als prägender Hintergrund und Inspirationsquelle.
3. Analyse der Strukturelemente, Personenkonstellation und metaphorischen Bedeutungsträger.

Die Lektüre des englischsprachigen Originals habe ich vorausgesetzt: Titel und Zitate sind daher auf englisch. Sie sind der Taschenbuchausgabe **The Great Gatsby** bei Reclam, 1993, entnommen, die kenntnis-und hilfreich ist. Der englischsprachige Arbeitsteil bietet Studierenden und Unterrichtenden Anregungen für die detaillierte Analyse und weitergehende Interpretation des Romans.

1. F.S. FITZGERALD: LEBEN UND WERK

1.1 The Great Gatsby: Einleitung

Fitzgeralds Roman erschien 1925 in New York. Dieser dritte Roman des jungen und derzeit schon berühmten Autors wurde mit Anerkennung und Bewunderung aufgenommen. Die Mehrzahl der Kritiker war sich darin einig, daß er etwas Besonderes an sich habe.[1]

Der Dichter und Dramatiker T.S. Eliot, wenige Jahre älter als Fitzgerald und ebenfalls aus dem Mittleren Westen stammend, schrieb, er habe den Roman dreimal gelesen und betrachte ihn als den ersten wichtigen Fortschritt der amerikanischen Prosa seit Henry James.[2]

Fitzgerald selbst freute sich in der Überzeugung, ein außergewöhnliches Werk geschrieben zu haben.[3] In einem Brief an seinen Freund Edmund Wilson meinte er jedoch später, daß auch die enthusiastischsten Kritiker nicht verstanden hätten, worum es in dem Buch wirklich ginge.[4]

Zu seiner Enttäuschung fand die Ersterscheinung des Romans, an dem er mehrere Jahre gearbeitet und den er schließlich in Europa 1924/25 vollendet hatte, beim Lesepublikum längst nicht die begeisterte Aufnahme, die frühere Kurzgeschichtensammlungen und vorallem sein erster Roman, **This Side of Paradise** (1920), erlebt hatten.

---

1   M. Allié, J. Nagler, *Die Klassiker der amerikanischen Literatur*. Hermes Handlexikon, Econ Tb.Vlg. 1978.

2   daselbst.

3   zit. nach James E. Miller, jr. »*The Great Gatsby*« in: Amerikanische Literatur des 20. Jh. Fischer Tb.Vlg.1972; E. Hemingway, A Moveable Feast, Penguin book,1973: »he was both shy and happy at the book's quality«, p.113.

4   Fitzgerald, »*Letters to Friends*«, in: The Crack-up, ed. E. Wilson, N.Y., 1945.

Zehn Jahre später, als Fitzgerald nach der Veröffentlichung von **Tender is the Night** die Einleitung zu einer Neuauflage seines früheren Romans schrieb, befand er zufrieden, der Roman sei nicht »*irgendeiner Abweichung von der Wahrheit schuldig ... oder eher dem Äquivalent von Wahrheit: dem Streben nach Ehrlichkeit, auch in der Imagination.*«[5]

Der Roman ist mittlerweile durch zahlreiche Übersetzungen und mehrfache Verfilmungen weltbekannt, ein Klassiker der modernen amerikanischen Literatur, »*the most American novel of its time.*«[6]

Die Rezeption erscheint jedoch häufig einseitig und oberflächlich. Typisch ist die Charakterisierung auf dem Cover der deutschen Taschenbuchausgabe als einem »*der wohl exemplarischsten Liebesromane der Weltliteratur.*«[7]

1.2 Fitzgerald in seiner Zeit

Das von Fitzgerald als »jazz age« gekennzeichnete amerikanische Jahrzehnt nach dem Ersten Weltkrieg zeigte erstmals in diesem Jahrhundert eine antipuritanische Gegenkultur: Eine junge städtische Gesellschaft, eine Minderheit sicherlich, entwickelte einen eigenen Lebensstil mit neuen Verhaltenscodes zu neuen Rhythmen. Auf der Woge eines befreiten Lebensgefühl nach der Rückkehr aus dem Krieg und der neuen Gleichberechtigung tanzte man den Charleston, trugen die jungen Frauen die Haare und Röcke kurz und rivalisierten ungehemmt miteinander um die gewagteste Selbstdarstellung. Fitzgerald war fasziniert von dem neuen selbstbewußten Frauentyp und porträtierte ihn als »flapper« vielfach in seinen frühen Erzählungen.

Die antipuritanische Emanzipation war beeinflußt durch die Desillusionierung des Krieges. Die Auswirkungen der Prohibition und der

---

5   daselbst.

6   *Encyclopedia Britannica* – F. Scott Fitzgerald.

7   *Der große Gatsby,* Diogenes Tb.1974.

kurzlebige Wirtschaftsboom im Verlauf der 20er Jahre überlagerten jedoch zunehmend die emanzipatorischen Ansätze und veränderten sie zu dem leichtfertigen und hektischen Amüsierbetrieb der »roaring twenties«, der für viele in einem Desaster endete, was Fitzgerald auch in seinem Freundeskreis erlebte. Er blickte später mit melancholischem Staunen auf die kurze Zeit enthusiastischer Selbstsicherheit zurück:

»It was borrowed time anyhow – the whole upper tenth of a nation living with the insouciance of grand ducs and the casualness of chorus girls.
Even when you were broke you didn't worry about money, because it was in such profusion around you... Charm notoriety, mere good manners, weighed more than money as a social asset.«[8]

Kein anderer Autor der 20er Jahre genoß und durchlitt so wie F.S. Fitzgerald die Chancen und Krisen seiner Zeit und spiegelte sie in seinem Werk: Auf den ehrgeizig verfolgten Aufstieg zu literarischem Ruhm und zur Berühmtheit folgten einige Jahre verschwenderischer Sorglosigkeit. Fitzgeralds persönliches Drama zeichnete sich ab, als das Jahrzehnt noch voller Optimismus schien, in Wirklichkeit aber auf eine katastrophale Situation zusteuerte.

Mit dem großen Erfolg seines ersten Romans **This Side of Paradise** hatte der dreiundzwanzigjährige Fitzgerald seine Karriere begonnen. Nun konnte er Zelda Sayre, die umschwärmte und selbstbewußte junge Frau aus gutem Haus, erhoffte Gefährtin seiner künstlerischen Ambitionen, heiraten. Tatsächlich wurde das junge Paar schnell berühmt als Inbegriff von Jugend, Schönheit und witziger Intelligenz. In der modischen Gesellschaft der Ehrgeizigen und Reichen übertrumpften sie deren Lebensstil noch durch aufsehenerregende Eskapaden.

Fitzgerald empfand jedoch zunehmend die Oberflächlichkeit und die materiellen Belastungen dieses Lebens, die auch sein Schreiben beeinträchtigten. Wie Nick Carraway in **The Great Gatsby** zog er mit der Familie 1923 nach Long Island, und mit wachsender innerer

---

8 daselbst.

Distanz zu der New Yorker Gesellschaft begann er dort, an seinem dritten Roman zu arbeiten.

Nach der Veröffentlichung des Romans folgten Jahre der Unruhe mit ständigem Ortswechsel zwischen Europa und den USA, gezeichnet von Alkoholproblemen und einer Entfremdung der Eheleute.[9]

Wirtschaftlich war das von Fitzgerald im Rückblick melancholisch erinnerte »*age of miracles*«, »*age of excess*«, 1929 mit dem Börsenkrach und der darauf folgenden Weltwirtschaftskrise schockartig zu Ende gegangen. Auch in Fitzgeralds Leben spürten aufmerksame Beobachter seine tiefe Verunsicherung und Bedrückung.[10] Zeldas Nervenkrankheit und Fitzgeralds Alkoholismus verdunkelten immer mehr das zuvor so glänzende Leben und drückten die wachsenden depressiven Spannungen in und zwischen den Eheleuten aus.[11]

In seinen letzten Lebensjahren war Fitzgerald auf das Schreiben von Drehbüchern für Hollywood angewiesen. In den **Pat Hobby Stories** hat Fitzgerald seine demütigende Erfolglosigkeit und Abhängigkeit von der Scheinwelt Hollywoods selbstironisch skizziert. In seinem letzten, nicht mehr vollendeten Roman, **The Last Tycoon,** ist der Filmmagnat Monroe Stark ein beeindruckender Einzelgänger und positiver Held im Kontrast zu dem skrupellosen Opportunismus seiner Umgebung.

In den Nachrufen zu seinem frühen Tod 1940 wurde Fitzgerald als Vertreter einer vergangenen, nahezu vergessenen Epoche erinnert. Nur wenige Jahre später, nach dem zweiten Weltkrieg, erlebte sein Werk eine unerwartete Renaissance. Besonders **The Great Gatsby** hatte hohe Auflagen, die 1974, in dem Jahr der jüngsten Verfilmung des Romans, einen Höhepunkt mit eineinhalb Millionen verkauften Exemplaren allein in den USA erreichten.[12]

---

9 u.a. nach Nancy Milford, *Zelda,* dtv, München 1980.

10 E. Hemingway beschreibt in seinen Erinnerungen an die Jahre in Paris, *A Moveable Feast,* sehr anschaulich seinen Eindruck von Fitzgerald, dessen panikartiges Verhalten u.a.Penguin book,1964.

11 Die Kurzgeschichten wie »*Crazy Sunday*«, »*The Lees of Happiness*«, vor allem der Roman – **Tender is the Night** – u.a. reflektieren persönliche Krisen.

12 Hermes-Handlexikon, s.o. e.a.

1.3 Lebensdaten des Autors

Francis Scott Fitzgerald wurde am 24. September 1896 in St. Paul, Minnesota, U.S.A. geboren und starb in Hollywood am 21. Dezember 1940.

Er war der einzige Sohn (nach dem Tod von zwei kleinen Mädchen) von Edward Fitzgerald und seiner aus wohlhabender irischer Familie stammenden Frau Mollie McQuillan. Des Vaters aristokratische Abstammung von den Scotts und den Keys aus dem Mittelwesten war Anlaß für eine elitäre Prägung des Jungen, stand aber im deutlichen Gegensatz zu der beruflichen Erfolglosigkeit des Vaters und der Abhängigkeit der Familie von den wohlhabenden Verwandten mütterlicherseits.

Nach seinem Schulbesuch in St. Paul und einer Privatschule in Hackensack, N.J., studiert F. in Princeton, N.J. (1913–1917) Hier erlebt er endlich den lange ersehnten Erfolg: Er veröffentlicht Texte, Theaterstücke und ein Musical. Er gehört einflußreichen intellektuellen Clubs an und findet wichtige Freunde, u.a. Edmund Wilson und John P. Bishop. Er hat eine Romanze mit Ginevra King, einem reichen jungen Mädchen aus Chicago, die er zutiefst bewundert und in späteren Erzählungen abbildet. F. besteht eine wichtige Prüfung nicht und ist tief verunsichert, kehrt aber 1917 nach Princeton zurück. Ginevra King beendet die Beziehung. F. verläßt Princeton ohne Abschluß.

Im Oktober 1917 bis Februar 1919 macht F. seine Militärausbildung in verschiedenen Ausbildungscamps in den U.S.A. 1918, in Fort Sheridan stationiert und zum Oberleutnant befördert, trifft er auf einer Party in Montgomery, Alabama, Zelda Sayre, Tochter eines Richters des Alabama Supreme Court, ein selbstbewußtes Mädchen des Südstaaten-Establishment. Beide sind von einander fasziniert. F. schreibt an seinem ersten Roman, auf baldigen Erfolg hoffend, um sie heiraten zu können. *The Romantic Egotist,* sein erster Roman über einen hochmütigen jungen Intellektuellen, wird nicht zur Veröffentlichung angenommen.

1919–1920 arbeitet F., nach seiner Entlassung aus der Armee, in einer Werbeagentur in New York. Er veröffentlicht mehrere Kurzgeschichten u.a. in *The Saturday Evening Post*. Nach dem Bruch der Verlobung mit Zelda 1919 hat er eine schwere Krise und Alkoholprobleme. Er überarbeitet seinen Roman, der unter dem Titel, *This Side of Paradise,* mit großem Erfolg veröffentlicht wird.

Im März 1920 erscheint der Roman, im April heiraten F. und Zelda in New York. Die erste Kurzgeschichtensammlung, *Flappers and Philosophers,* erscheint im September. Das Paar Fitzgerald, berühmt und wohlhabend, lebt verschwenderisch und ausschweifend.

Nach der ersten Europareise 1920–21 erscheint der Roman einer gescheiterten Ehe, *The Beautiful and Damned,* als Serie. Im Oktober 1921 wird die Tochter Frances Scott geboren.

Nach der Veröffentlichung der Kurzgeschichtensammlung *Tales of the Jazz,* 1922, zieht die Familie nach Great Neck, Schauplatz des *GG (= Great Gatsby).* Das Paar nimmt weiter intensiv am Gesellschaftsleben New Yorks teil. Beide trinken viel und machen bewußt auf sich aufmerksam. F. hat Probleme, seine Arbeit und die Verantwortung für die Familie mit dem chaotischen Lebensstil beider zu vereinbaren.

1924 geht die Familie aus wirtschaftlichen Gründen und auf der Suche nach neuen Anregungen nach Europa, an die französische Riviera, später nach Paris. F. arbeitet an *GG.* Zeldas Affäre mit dem Piloten Jozan erschüttert ihre Beziehung und leitet eine Entfremdung ein, die sich in den folgenden Jahren vertieft. Im Winter 1924/25 überarbeitet F. den *GG* bei einem Aufenthalt in Rom.

Im April 1925 wird *GG* veröffentlicht. In Paris lernt F. Gertrude Stein und Hemingway kennen, dem er den Roman zu lesen gibt. Auf eine kurze Phase enger Verbundenheit folgen Irritation und Abstand wegen ihres unterschiedlichen Lebens und Zeldas Eifersucht auf Hemingway.

1926 wird der Roman *GG* als Bühnenfassung am Broadway adaptiert. Die Kurzgeschichte *The Rich Boy* und die Kurzgeschichtensammlung *All the Sad Young Men* erscheint. Die Familie verbringt den Sommer an der Riviera und den folgenden Winter in New York.

1927 arbeitet F. in Hollywood an dem Drehbuch **Lipsticks**, das zu seiner Enttäuschung nicht angenommen wird. Zelda ist eifersüchtig auf F. wegen seiner Beziehung zu einer jungen Schauspielerin.

Die Jahre 1928/29 verbringt die Familie wieder in Europa und Amerika. Weitere Kurzgeschichten erscheinen in **The Saturday Evening Post**. Zelda nimmt Ballettunterricht und hofft auf eine Ballettkarriere.

1930 hat Zelda ihren ersten Nervenzusammenbruch. Wegen ihrer Überweisung in eine Schweizer Klinik verbringt F. lange Monate in der Schweiz.

1931 erscheint die Kurzgeschichte **Babylon Revisited** in der *Post*. (s.u.) Nachdem Zelda aus der Klinik entlassen wird, kehrt das Paar nach Amerika zurück. F. arbeitet an einem weiteren Drehbuch.

1932 hat Zelda ihren zweiten Zusammenbruch. Ihr Roman **Save me the Waltz** wird veröffentlicht.

1933/34 wird der Roman **Tender is the Night** in Fortsetzungen in »*Scribner's Magazine*« veröffentlicht. F. arbeitet weiter an einer neuen Fassung des Romans. Zelda hat erneut einen Zusammenbruch; F. muß sich wegen seiner Alkoholprobleme behandeln lassen. Er ist verzweifelt über die erneute Verschlimmerung von Zeldas Erkrankung. Der ihm unverständliche Mißerfolg seines Romans deprimiert ihn zusätzlich.

1936 stirbt Fitzgeralds Mutter. Zelda wird in einer Klinik in Asheville, North Carolina, psychiatrisch behandelt.

1937 geht F. als Drehbuchautor nach Hollywood, wo er für mehrere Filmstudios arbeitet. F. trifft Sheila Graham, eine berühmte Gesellschaftsjournalistin, mit der er bis zu seinem Tod 1940 zusammenleben wird. Seine zunehmenden Niederlagen im Umgang mit der Filmindustrie verarbeitet er in einer Serie von Kurzgeschichten, deren erste 1940 im »*Esquire*« veröffentlicht wird. (Die Sammlung **The Pat Hobby Stories** erschien 1962 posthum).

1940 wird Zelda aus der Klinik entlassen und geht zurück nach Montgomery.

Am 21. Dezember 1940 stirbt Francis Scott Fitzgerald an einem Herzanfall in Hollywood.

Im Oktober 1941 erscheint sein unvollendeter letzter Roman, ***The Last Tycoon.***

1946 kehrt Zelda in die Klinik in Asheville zurück. Sie stirbt 1948 bei einem Brand in der Klinik.

2. DIE EPOCHE UND IHRE AUTOREN

2.1 Die 20er Jahre

Die Epoche, die weit zurück zu liegen scheint als die Zeit der großen Paradoxien, frivoler Leichtlebigkeit und schließlich der Wirtschaftskatastrophe, war unmittelbare Nachkriegszeit und zugleich eine Phase rasanter Veränderungen.

Mit dem Waffenstillstand 1918 und dem Friedensvertrag 1919 hatten sich die U.S.A, die spät in den Krieg eingetreten waren, als stärkste Militär- und Wirtschaftsmacht erwiesen. Im Gegensatz zu Präsident Woodrow Wilsons ehrgeizigem politischen Konzept einer internationalen Verantwortung der Demokratien, einer »neuen Weltordnung«, drückte sich das erstarkte Selbstbewußtsein in den USA bald in einer restaurativen und repressiven, auf die Sicherung des wirtschaftlichen Fortschritts ausgerichteten Politik aus:

»*Less government in business and more business in government.*« lautete ein Wahlkampfmotto des späteren republikanischen Präsidenten Harding. »*The business of America is business*«, wurde Calvin Coolidge, 30. Präsident der U.S.A zitiert. In seiner Amtszeit (1923–1929) entwickelte sich die »Coolidge prosperity« auf der Basis einer monopolfreundlichen, protektionistischen Politik: Sinkendes nationales Defizit, Massenproduktion, wachsender Export und schneller Wohlstand der städtischen Mittelklassen.

Am deutlichsten wurde der Wirtschaftsboom symbolisiert durch die expandierende Autoproduktion und den Aufstieg der Filmindustrie Hollywoods. Innerhalb weniger Jahre, von 1918–1928, schien alles verändert, als habe Henry Ford mit der Produktion von immer mehr Autos die Amerikaner auf die Straße des Fortschritts gesetzt.[13]

---

13 John Dos Passos hat in seinem großen Epos, *U.S.A.* ein ironisches, sachliches und zugleich poetisches Bild des Henry Ford gezeichnet.

Wie für George Babbitt in Sinclair Lewis gleichnamigem Roman war für die meisten wohlhabenden Bürger das Auto *»poetry and tragedy, love and heroism ... the car (was) his perilous excursion ashore«*.[14] Das Auto wurde also zum Symbol der modernen mobilen Gesellschaft und setzte das Unabhängigkeitsgefühl der vergangenen Pioniergesellschaft fort.

Hollywood andererseits wurde die Traumindustrie für das emotionale Glück, das trotz aller Versprechungen immer unsicherer geworden war.

Die restaurative und protektionistische Nachkriegspolitik drückte sich seit Beginn des Jahres 1919 auf eine fast symbolische Weise in dem Verfassungszusatz (18th Amendment) gegen die Herstellung, den Import, den Verkauf und den Konsum von Alkohol aus. Das strikte Verbot, das in einer freien Gesellschaft unangemessen und schwer durchsetzbar war, hatte einen riesigen Schwarzmarkt, Glücksritter der Prohibition und die rasante Entwicklung des organisierten Verbrechens zur Folge. Aus dem »noble experiment« wurde eine Gefahr für die Demokratie und ihre Institutionen.

Die soziale Schattenseite des Wirtschaftsbooms war die Verarmung der Landbevölkerung, die hohe Zahl arbeitsloser Kriegsveteranen, die weiter wachsende Zahl der Einwanderer, die durch verschärfte Einwanderungsgesetzte in die Illegalität gerieten, und der offene, gewalttätige Rassismus. Eine erste »Hexenjagd« auf Sozialisten, Kommunisten und radikale Gewerkschaftsführer hatte schon im Zusammenhang mit den großen Streiks nach Ende des Krieges eingesetzt und in der Hinrichtung der Anarchisten Sacco und Vanzetti 1927 einen Höhepunkt erlebt. Durch die Dimension der unkontrollierten Börsenspekulation, der politischen Korruption und des organisierten Verbrechens entwickelte sich ein Klima wirtschaftlicher Freibeuterei.[15] Der Zusammenbruch der Börse in New York im Herbst 1929 erschütterte die amerikanische Wirtschaft, leitete die Zeit der Depression ein und wirkte sich auch in Europa verheerend aus.

---

14 Sinclair Lewis, *Babbitt, Signet Classics,* 1980, p.23.

15 nachzulesen u.a. in den Gesamtdarstellungen, Alistair Cooke, *Geschichte Amerikas,* Pawlak Vlg.1975 *An Outline of American History,* United States Inform. Agency, 1988. e.a.

Den psychologischen Folgen hat der 1915 geborene amerikanische Dramatiker Arthur Miller in mehreren seiner Werke nachgespürt,[16] weil das Ereignis die materiellen und moralischen Grundlagen der Gesellschaft in Frage stellte:

Der tradierte amerikanische Optimismus, das Selbstvertrauen des amerikanischen Bürgers und der Glaube an das politische und wirtschaftliche System waren erschüttert.

Die Wirtschaft war außer Kontrolle geraten, und die meisten zahlten einen bitteren Preis dafür.[17]

2.2 Die Autoren der 20er Jahre

Fitzgerald gehörte zu der Generation amerikanischer Autoren, die unmittelbar nach dem Ende der offenen Grenzen nach Westen geboren wurden. Die Vorstellung der unbegrenzten Möglichkeiten der Pioniere war zu einem fernen Mythos geworden. Ihre prägenden Erfahrungen machte diese Generation in der kritischen Umbruchzeit der ehrgeizig expandierenden Industriegesellschaft im Norden und des endgültigen Zerfalls der alten Hierarchien in den Südstaaten. Jene, die an dem Krieg in Europa teilgenommen hatten, aber auch die anderen, wie Fitzgerald, die nicht mehr in das Schlachten hineingerieten, waren desillusioniert und entsetzt über die Barbarei des Krieges, über die sinnlosen Opfer und die Vorherrschaft der wirtschaftlichen Machtinteressen.

Aus Enttäuschung und Protest wurden manche Schriftsteller zu heimatlosen Pendlern zwischen Amerika und Europa. Zu den Berühmtesten dieser »*lost generation*«, wie *Gertrude Stein* sie genannt hat, gehörten *Hemingway, Fitzgerald, Mac Leish, Cummings* und *Dos Passos*.

---

16 Arthur Miller, u.a. in den Dramen, *Memory of Two Mondays, The Price;* besonders interessant dazu seine Autobiographie,*Timebends,* Methuen Paperback,1987.

17 u.a. Studs Terkel, *Der große Krach,* suhrkamp tb.23, 1972.

Literarisch bedeuteten die 20er Jahre den eigentlichen Beginn des amerikanischen Theaters als kritischer Spiegel der Gesellschaft. In noch höherem Maß brachte diese Zeit aber eine Renaissance des Romans hervor. Durch die thematische und stilistische Vielfalt, die realistische, gesellschaftskritische Qualität und die Überzeugungskraft der Werke auch in den Übersetzungen sollten die amerikanischen Romane dieser Epoche das amerikanische Selbstverständnis und das Amerikabild in Europa nachhaltig prägen.

Theodore Dreiser, der längst berühmte Autor sozialkritischer Romane (*Sister Carrie,* 1900, die *»Cowperwood Trilogy«: Trilogy of Desire, The Financier,* 1912, *The Titan,* 1914 u.a.), gehörte nicht mehr zu dieser Generation, doch seine *American Tragedy,* 1925, war eine aufsehenerregende bittere Abrechnung mit der Illusion des *»amerikanischen Traums«* als Verführung zur Amoral. Es ist ein Epos über Ehrgeiz, Schwäche und Schuld eines jungen Mannes in einer borniert-moralischen Umwelt, die ihm jedoch bis zu seiner Hinrichtung ihre Moral nicht verständlich macht.

Sinclair Lewis hatte mit *Main Street,* 1920, und *Babbitt,* 1922, die menschliche Enge, den Konformismus des Provinzlebens detailliert nachgestellt und aktuell geschildert. Seine Hauptfigur, Babbitt, ist keine zweidimensionale Karikatur, sondern ein glaubwürdiger Vertreter des »main-stream America«, wie er später in John Updikes Rabbit-Romanen wieder erscheint. E.E. Cummings entwickelte in *The Enormous Room,* 1922, in surrealistischem Stil die Situation des Einzelnen, Verurteilten in einer feindlichen Umwelt. John Dos Passos veröffentlichte 1923 den Roman *Three Soldiers,* einen Antikriegsroman über einen jungen Idealisten. In *Manhattan Transfer,* 1927, benutzte er eine neue Erzähltechnik, um das Leben in New York durch viele Charaktere darzustellen.

Ernest Hemingway (*The Sun also Rises / Fiesta,* 1926, *A Farewell to Arms,* 1929), Thornton Wilder (*The Bridge of San Luis Rey,* 1927), William Faulkner (u.a. *The Sound and the Fury,* 1929), Thomas Wolfe (*Look Homeward, Angel,* 1929) zeigten die z.T. intensiv biographisch geprägte Auseinandersetzung mit den politischen Veränderungen und moralischen Widersprüchen der Zeit, an denen die Menschen in ganz individueller Weise seelisch und materiell litten.

Damit wurden die Autoren der »lost generation«, die ihre Ideale verraten sahen, zu Leitfiguren für die folgenden Generationen von Autoren, zunächst vor allem für jene, die den menschlichen und gesellschaftlichen Tragödien der Depressionszeit Ausdruck gaben (z.B. *John Steinbeck, Sherwood Anderson, William Saroyan, Erskine Caldwell, James Farrell* u.a.).

Fitzgerald hat in seinem Werk das Selbstbewußtsein und die Konflikte einer jungen großstädtischen Generation ins Zentrum gerückt. Als Kenner der Szene ließ er die jungen Aufsteiger, eine selbstdarstellerische Geld- und Künstlergesellschaft, mit den Mitteln knapper, ironischer Charakterisierung und eindringlicher Metaphern glänzen und sich zugleich entlarven. Das war seine zunehmend deutliche Absage an die Überheblichkeit der Reichen und Erfolgreichen und an den naiven amerikanischen Optimismus.

2.3 Grundpositionen und Veränderungen im Werk Fitzgeralds

Fitzgerald hat die dramatischen Höhen und Tiefen seines Lebens selten analysiert. In seinem Werk hat er sie jedoch reflektiert, kreativ verarbeitet und gelegentlich vorweggenommen. So wurde es zur Bühne für Charaktere, die auf seine eigene Ambivalenz und seine Lebensfragen verweisen.

Die folgenden Beispiele aus Fitzgeralds wichtigster Schaffenszeit illustrieren die Veränderung seiner Sicht auch als Reflexion seines eigenen Lebensweges:

Amory Blaine, der junge Dandy und intellektuelle Einzelgänger in **This Side of Paradise** (1920) erschafft sich ein Image, das ihn überlegen, unverwundbar und erfolgreich macht. Gefühle und Leidenschaften werden inszeniert und beobachtet, als wäre das Leben eine

Bühne, weil die Kunst, oder genauer das Künstliche, als dem Leben überlegen erachtet wird. Die Liebe ist Teil des raffinierten gesellschaftlichen Spieles. Die Kriegserfahrung, »das Ende der Helden« und seiner Illusionen, lösen Ernüchterung und schließlich eine reifere, pragmatische Haltung aus.

In diesem Entwicklungsroman erkannte sich die junge, ehrgeizige, durch die Erfahrung des Krieges veränderte Generation wieder, für die Fitzgerald eingängige Begriffe und Bilder prägte.

In der Kurzgeschichte *The Rich Boy* (1925), kurz nach *GG* veröffentlicht, scheitert der Held, Anson Hunter, emotional an seinem Reichtum. Zwar ist er anderen zugetan und empfindet auch Liebe, doch hat sein Überlegenheitsgefühl in ihm vitale Instinkte verkümmern lassen: Er ergreift nicht den richtigen Moment, seine Liebe zu erklären. Er erkennt seine wirklichen Bedürfnisse nicht, oder z.T. erst im Rückblick. Nicht aus Armut und Schüchternheit, sondern aus arroganter Nachlässigkeit geht sein Lebensglück verloren. Wie in *GG* wird seine Lebensgeschichte von einem Ich-Erzähler, der ihm freundschaftlich, skeptisch und zugleich bewundernd zugetan ist, berichtet. Zur Verdeutlichung der psychologischen Zusammenhänge ist auch dieser Erzähler explizit um sachliche Genauigkeit bemüht. Das Spannungsfeld »Reichtum und Liebe« ist ebenfalls u.a. an *GG* angelehnt und lohnt einen Vergleich.

In der 1930 veröffentlichten Kurzgeschichte *Babylon Revisited* kehrt Charlie Wales nach mehreren Jahren nach Paris zurück, um seine bei Verwandten seiner Frau lebende kleine Tochter zu besuchen. Die früher von den in Paris lebenden Amerikanern reichlich frequentierten Bars und anderen Vergnügungsstätten findet er nun seltsam verändert und wenig einladend, die Erinnerungen an Freunde, gemeinsam durchzechte Nächte und die verschwenderische Haltlosigkeit jener Tage sind mit Bitterkeit und Melancholie durchsetzt. Zusammen mit seiner Frau Helen hatte er das ausschweifende Leben vieler Exilamerikaner geteilt und in jener Zeit heftige Ehekrisen erlebt. Als seine Frau starb, wurde er von ihren Verwandten dafür verantwortlich gemacht. Seine kleine Tochter blieb bei ihnen. Nachdem er kaum noch trinkt und sein Leben geordnet hat, hofft er nun, seine Tochter zu sich nehmen zu können.

Durch einen verhängnisvollen Zufall wird das Vorurteil der Verwandten gegen seinen Charakter scheinbar bestätigt. Seine Tochter wird ihm verweigert. Ihm bleibt nur die Hoffnung, daß sie ihn nicht sein Leben lang bestrafen werden für seine frühere Leichtfertigkeit.

In *Tender is the Night* (1934) verliert Dick Diver seine Liebe, seine Selbstachtung, seine Zukunft, weil er sich falsch entscheidet, sich anpaßt und sich und andere betrügt. Er war ein junger, ehrgeiziger Forscher, der aus Liebe und Hilfsbereitschaft zum Arzt und Ehemann der schönen, reichen, psychisch labilen Nicole wird. In dem gemeinsamen oberflächlichen, unruhigen Leben an der französischen Riviera und anderen eleganten Plätzen in Europa verliert er seine ursprüngliche sichere Orientierung und wird alkoholabhängig. Mit Verzweiflung nimmt er wahr, daß ihm die Grundsätze seines beruflichen Lebens langsam entgleiten.

Je mehr er den Boden unter den Füßen verliert, desto abhängiger will ihn seine Umwelt machen. Schließlich läßt er alle Ansprüche, seine Familie und die egoistische Gesellschaft hinter sich und kehrt zurück in die amerikanische Provinz.

Fitzgeralds literarische Entwicklung zu einem skeptischen Realismus, zur Desillusionierung und Einsamkeit seiner Hauptfiguren durchzieht sein Erzählwerk. *The Great Gatsby* nimmt darin einen zentralen Platz ein. In diesem Roman und in seinem gesamten Erzählwerk variiert und verdichtet der Autor die folgenden Motive:

1. Die Diskrepanz zwischen der gesellschaftlich erfolgreichen Person und dem kreativen und einsamen Ich.

2. Die Problematik eines sensiblen, ehrgeizigen, begabten jungen Menschen in einer materialistischen und schnellebigen Konsumgesellschaft.

3. Die Zerbrechlichkeit der Träume, als Folge der Anpassung.

4. Die Egozentrik und Arroganz der Reichen, d.h. der materiell unabhängig geborenen Menschen, als Problem für ihre eigene

Entwicklung und als Gefährdung der Menschen in ihrem emotionalen Umfeld.

5. Die ambivalente Beziehung zwischen Mann und Frau, die Elemente von Idealisierung, Täuschung und Ausbeutung annimmt und mehr Spannung als Entspannung enthält.

6. Die zentrale Rolle der noch jugendlichen Erwachsenen im gegenüber zu der völlig untergeordneten Rolle der Kinder. Kinder sind Opfer der Spannungen und Teil der Darstellung nach außen. Die Unreife der Erwachsenen macht sie zu Verlassenen.

7. Krankheit, Gewalt und Tod treffen den Menschen wie eine unvorhersehbare Katastrophe und machen Talent, Schönheit und Größe unwiderruflich zunichte. Darin liegt die Tragik allen Bemühens um Vollkommenheit.

2.4 »a divided man«

Ein zentrales Motiv durchzieht Fitzgeralds Leben und Werk und hat auch die Gestaltung und den Grundkonflikt des *Great Gatsby* bestimmt: Die Mehrdeutigkeit des Ich, die gespaltene Identität, das Image als Ersatz der Persönlichkeit:

Fitzgerald hatte schon als Junge den Traum von einer bedeutenden Karriere fern der Familie mit einer glänzenden Alter-Ego-Identität entwickelt und phantasievoll behauptet, er stamme von den königlichen Stuarts ab, und er hat diese Phantasie später literarisch benutzt: In der 1924 veröffentlichten Kurzgeschichte *»Absolution«* erzählt er die Geschichte des Jungen Rudolph Miller, der sich oft in eine fiktive romantische Person verwandelt, um der bedrückenden Durchschnittlichkeit in seinem Umfeld zu entgehen und eine Basis für seine Träume von späterem Ruhm zu haben:

»Blatchford Sarnemington was himself, and these words were in effect a lyric. When he became Blatchford Sarnemington a suave nobility flowed from him. Blatchford Sarnemington lived in great sweeping triumphs.«[18]

Fitzgeralds persönliches Lebensthema, seine Gespaltenheit in den hart arbeitenden, selbstkritischen Puritaner und den Bewunderer und Nachahmer der reichen Gesellschaft und ihres Image vollkommener Unverwundbarkeit hat die »double vision« erzeugt, die sein kenntnisreicher Interpret Malcolm Cowley so beschreibt:

*»He **cultivated** a sort of double vision...he surrounded his characters with a mist of admiration and simultaneously he drove the mist away. (..) It was this habit of keeping a double point of view that distinguished his work.«*[19]

In *The Great Gatsby* wird diese Ambivalenz vielfältig für die Erzählstruktur, die Ich-Erzählung, und die Dramaturgie der Handlung genutzt.

Die Gespaltenheit der Person bekam eine zusätzliche Dramatik für Fitzgeralds Leben und Werk durch seine symbiotische Bindung an seine Frau Zelda. Hemingways Beobachtung, kurz nachdem er Fitzgerald kennengelernt und seinen jüngsten Roman gelesen hatte, war kurz und treffend:

*»If he could write a book as fine as **The Great Gatsby** I was sure that he could write an even better one. I did not know Zelda yet, and so I did not know the terrible odds that were against him. But we were to find them out soon enough.«*[20]

---

18 F.S. Fitzgerald, »*Absolution*« in – American Mercury –, Juni 1924.

19 Malcolm Cowley, »*Third Act and Epilogue*«, – The New Yorker –,1945.

20 *A Moveable Feast,* s.o. p.133.

Fitzgerald beschrieb 1938, zwei Jahre vor seinem Tod, in einem Brief an seine Tochter seinen unlösbaren Konflikt:

»When I was your age I lived with a great **dream***. The dream grew and I learned to speak of it and make people listen. Then the dream divided one day when I decided to marry your mother after all, even though I knew she was spoiled and meant no good to me.(...) I was a man divided – she wanted me to work too much for her and not enough for my* **dream***.«*[21]

Der persönlich erlebte Loyalitätskonflikt ist ein wichtiger Ausgangspunkt für Fitzgeralds Charakterisierung des Gatsby. In dieser Figur wird die Tragik der Entscheidung für das falsche, das glänzende, das schließlich enttäuschende Ideal sichtbar gemacht.

3. THE GREAT GATSBY

3.1 Inhaltsangabe

Jay Gatsby, ein junger Mann, der in seiner frühen Jugend inmitten der Armut und Hoffnungslosigkeit seiner Umwelt die innere Entschlossenheit für ein bedeutendes Schicksal entwickelte, macht nach seiner Rückkehr aus dem Krieg in Europa innerhalb von etwa drei Jahren eine erstaunliche Karriere in der Geschäftswelt New Yorks. Seinen in kurzer Zeit erworbenen Reichtum stellt er mit üppigen Parties in seinem palastartigen Haus auf Long Island seinen Gästen zur Verfügung, die exzessiv alle Möglichkeiten der Unterhaltung und Selbstdarstellung ausnutzen, zu ihrem Gastgeber jedoch kaum per-

---

21 F.S.Fitzgerald, *»Letter to his Daughter«*,7.7.1938, nach: *The Letters of F. Scott Fitzgerald,* hrsg.von Andrew Turnbull, N.Y. 1963.

sönlichen Kontakt aufnehmen, da dieser im Hintergrund bleibt. Tatsächlich versucht Gatsby, durch die Wahl seines Hauses und die aufsehenerregenden Parties wieder Kontakt zu seiner großen Liebe, Daisy, zu finden. Er weiß, daß sie mittlerweile reich geheiratet hat und ein Haus an dem gegenüberliegenden Ufer bewohnt. Jede Notiz über Daisy hat er gesammelt.

Daisy ist nach kurzer Ehe mit Tom Buchanan und der Geburt einer kleinen Tochter nur scheinbar fröhlich und optimistisch. Tatsächlich beschreibt sie sich als zutiefst frustriert, ohne allerdings den eigentlichen Grund zu nennen, nämlich daß ihr Mann sie häufig betrügt und anscheinend eine Geliebte hat.

Es gelingt Gatsby schließlich mit Nicks Hilfe, Daisy wiederzusehen und ihr die Pracht seines Besitzes vor Augen zu führen. Das emotional hochgespannte Treffen geht in ein Wiederfinden in Liebe und Harmonie über.

Gatsby geht davon aus, daß sich ihre frühere kurze Liebesaffäre nun als wahrhaftige Liebesbeziehung verwirklicht, und daß Daisy sich gegen ihren Mann und für ihn entscheiden wird. Als Tom schließlich in Gatsby den Konkurrenten um Daisys Liebe erkennt und ihn herausfordert, spielt dieser seinen vermeintlichen Trumpf aus, nämlich daß Daisy nur ihn je geliebt habe und Tom verlassen werde. Daisy verweigert Gatsby jedoch das erwartete Bekenntnis ihrer absoluten Liebe zu ihm.

Äußerlich ruhig, aber mit Zeichen tiefer Erschütterung reagiert Gatsby auf Daisys Wankelmut und auf die Demütigung durch Toms Enthüllungen seiner illegalen Geschäfte.

Auf der Rückfahrt von New York wird eine Frau, die vor Gatsbys Auto gestürzt war, tödlich verletzt. Gatsby ist nur besorgt um Daisy, die das Auto gefahren hat und nicht ahnt, daß sie Toms Geliebte, Myrtle Wilson, getötet hat. Myrtles Mann, George Wilson, verfolgt verzweifelt und besessen nur noch ein Ziel, nämlich den Tod seiner Frau zu rächen. Auf der Suche nach dem Besitzer des Autos wird Wilson von Tom Buchanan zu Gatsby geschickt. Wilson erschießt erst Gatsby und dann sich selbst.

Nur der Erzähler der Ereignisse, Nick Carraway, kennt und durchschaut die Zusammenhänge, die zu der Verzweiflungstat geführt haben, die den Falschen tötete, die Verantwortlichen dagegen gleichgültig und unbeschadet läßt. Seine emotionale und intellektuelle Beziehung zu den Menschen seiner Umgebung verändert sich durch Gatsby. Nachdem er ungewollt zunehmend der einzige Vermittler und Vertraute des einsamen Gatsby wurde und ihn in seiner Kompexität und Widersprüchlichkeit so nah wie kein anderer erlebt hatte, wird Nick Carraway nach Gatsbys Tod dessen Sachwalter. Während die einstigen Gäste und Partner ihre ehemaligen Beziehungen verleugnen, durchlebt Nick seine einsame Solidarisierung mit dem Toten und seine Abwendung von der Gesellschaft, in die er zunächst Eintritt gesucht hatte.

3.2 Handlungsstruktur, Personenkonstellation und Spannungsbögen

Der Roman ist nach der Gattungstypologie Edwin Muirs in *»The Structure of the Novel«* (1928) eine *»dramatic novel«*. Das entspricht nach Wolfgang Kaysers Analyse *»Entstehung und Krise des modernen Romans«* (1954) dem *»Figurenroman«*. Die Erzählstruktur und Figurenkonstellation bedingen einander und sind konzentriert auf die Entwicklung der Charaktere innerhalb eines begrenzten Weltausschnittes und bezogen auf einen Grundkonflikt.

In der *Figurenkonstellation* stehen drei weibliche Figuren (Daisy, Jordan, Myrtle) drei männlichen Figuren (Tom, Gatsby, Nick) interaktiv gegenüber. Das *Interaktionselement* zwischen beiden Gruppen ist die Liebe in verschiedenen Variationen und Komplikationen. Die *Interaktionselemente* innerhalb der männlichen und der weiblichen Gruppe sind ebenfalls emotional und ambivalent, nämlich Freundschaft oder Rivalität in verschiedenen Ausprägungen. Die vierte männliche Figur, Wilson, ist passiv und bleibt außerhalb des Handlunggeschehens. Es ist »poetische Ironie«, daß diese mißachtete Randfigur schließlich die dramaturgische Funktion des strafenden Schicksals übernimmt.

An Gatsbys Vergangenheit und Gegenwart wird der *Grundkonflikt* dramatisiert: *Traum und Wirklichkeit: Die Verkettung des persönlichen Lebenstraumes, des Selbstentwurfs, mit einer Liebesbindung, die zur alleinigen Vision und zur Triebfeder allen Handelns wird.*

Der »Weltausschnitt« wird ebenfalls durch die Zentralfigur vorgegeben. Die Orte, d.h. das gesamte »setting«, gewinnen dadurch charakterisierende und symbolische Bedeutung.

Der Aufbau des Romans ist bestimmt von der Position des Erzählers gegenüber dem Grundkonflikt und der Figurenkonstellation, zu der er selbst gehört. Die Geschehnisse werden von ihm in weitgehend *chronologischer Folge* mit wenigen »umgestellten« Teilen erzählt.

Die einzelnen Kapitel haben einen in sich geschlossenen Spannungsbogen, der auf einen *narrativen Teil (= erzählend)* jeweils einen oder mehrere *szenische Teile (= dialogisch, dramatisch)* mit *ansteigender Spannung und Höhepunkten* folgen läßt. Die *Entspannung* des Abschlusses hat wieder narrativen Charakter, bestehend entweder aus Erinnerungen oder Beschreibung und Reflexion. Es ist bemerkenswert, daß alle Abschlüsse der Kapitel *Abend- und Nachtbilder* sind.

Der Spannungsbogen des Romans ist symmetrisch um das zentrale Kapitel V komponiert, das die Konfrontation der Hauptfiguren und damit einen emotionalen Höhepunkt des Grundkonfliktes enthält:

Anfang und Ende des Romans korrespondieren miteinander, da Betrachtung, Bewertung und die Haltung des Erzählers logisch zueinander gehören. Sie bilden einen *Erzählrahmen.*

Innerhalb dieses Rahmens entfaltet sich die Hauptspannung aus der langsamen Hinführung zu der Realität des Protagonisten.

In der Dreieckskonstellation mit Nick bildet dann das Treffen von Gatsby und Daisy den Höhepunkt, da er die Vordergrundhandlung mit der kausalen Vergangenheitsebene verbindet. Außerdem erscheint der Protagonist nun in einer emotional hochgespannten Situation, in der die tatsächlichen Widersprüche in ihm deutlich werden, genauso wie die nachhaltige innere Beziehung zu seiner Vergangenheit. Eingeleitet wird dieses Kapitel mit dem Bild des hell erleuchteten Hauses, es wird abgeschlossen mit dem Bild der beiden Personen, die einander in der Dunkelheit lauschen. Doch in die Entspannung und Harmonie mischt der Erzähler eine Ahnung von Entzauberung und Enttäuschung.

Kpt. VI hat wie das Kpt. IV einen langen narrativen Vorlauf, beide enthalten Berichte über Daisys und Gatsbys Vergangenheiten und Gegenüberstellungen Gatsby–Tom.

Kpt. VII und Kpt. III korrespondieren zu einander als These und Antithese. Das detaillierte Farb-, Klang, -und Personengemälde der Parties in Kpt. III findet eine negative Entsprechung in dem Ausbleiben dieser Ereignisse und der deutlichen Veränderung der Atmosphäre in Kpt. VII. Gatsbys Hoffnung, Daisy möge auf seinem Fest erscheinen, läßt ihn in Kpt. III aufmerksam im Hintergrund bleiben. Zugleich leitet er das Treffen mit ihr ein. In Kpt. VII ist aus der Begegnung eine erneute Beziehung geworden. Gatsby scheint sein Ziel fast erreicht zu haben. Im Verlauf des Kapitels folgt der zweite Höhepunkt des Romans, der zugleich die Krise auslöst.

Die einander zugeordneten Kpt. III/VII haben mindestens zwei Spannungshöhepunkte: in Kpt. III das Zusammentreffen Nick-Gatsby und der Autounfall in Gatsbys Nähe, in Kpt. VII die Konfrontation Tom – Gatsby und die auf den Autounfall bezogene Szene.

Kpt. II und Kpt. VIII entsprechen einander in der Ausführung der Nebenhandlung um die Wilsons. Der in Kpt. II kurz erscheinende und später verächtlich kommentierte George Wilson wird zur Zentralfigur, einem verzweifelten, blinden Rächer. Das Halsband für den in Kpt. II gekauften Hund ist in Kpt. VIII Symbol für Myrtles anderes Leben und ihre Untreue. In beiden Kpt. ist Nick Begleiter in einer Problemsituation: In Kpt. II wird er von Tom zum Mitgehen veranlaßt, in Kpt. VIII will er eigentlich bei Gatsby bleiben, aber er fährt dann doch nach N.Y. Die scheinbare Harmlosigkeit der Liebesaffäre (Kpt. II) wird kontrastiert mit der Dramatik in Wilsons Erleben und Verhalten (Kpt. VIII). Die

Höhepunkte in Kpt. II sind emotionale Momente: Myrtles Erinnerung an ihre Begegnung mit Tom und ihre spätere Provokation. Der Spannungsbogen in Kpt. VIII enthält vier emotionale Höhepunkte, die Gatsby, Nick, Wilson und schließlich wieder Gatsby betreffen.

Der letzte Satz in Kpt. VIII, »the holocaust was complete«, leitet die Stimmung zwischen Hektik und Depression zu Beginn des nächsten Kapitels ein. Alle Figuren werden noch einmal im Licht des Todes und der Beerdigung aufgeführt und gewichtet. So entspricht Kpt. IX als Nicks konkrete Erfahrung seinen Bewertungen in Kpt. I Daisy und Tom demonstrieren ihren brutalen Egoismus durch Abwesenheit, was ihrer in Kpt. I gezeigten arroganten Grundhaltung entspricht. Tom drückt in Kpt. I das Recht auf aggressive Durchsetzung aus und benutzt es in Kpt. IX als Rechtfertigung seiner Skrupellosigkeit. Alle Figuren des ersten Kapitels erscheinen am Ende als menschlich enttäuscht oder enttäuschend. Das Scheitern ist das einer ganzen Gesellschaft. Dagegen wird der Vater Gatz gestellt, einer der unscheinbaren, scheinbar unwichtigen Menschen. Seine naive Treue zu seinem Sohn ist ein wichtiges Kontrastelement. Zugleich wird erkennbar, daß es eine Bindung und eine Ähnlichkeit zwischen beiden gab. Gatsbys Wurzeln lagen im Mittleren Westen, und Vater Gatz erscheint wie ein Bote aus jener anderen Welt. Folgerichtig geht Nick dorthin zurück.

3.3 Die Erzählsituation: Der Ich-Erzähler

Der fiktive Ich-Erzähler in der Rolle des Beobachters, des Beteiligten und schließlich des Chronisten, der in der Rückschau die Bedeutung der Ereignisse in die rechte Ordnung zu bringen versucht, hatte nach Gatsbys Tod ein Zeichen gegen die Vernichtung, »holocaust,« gesetzt (p. 203), als er die Formalitäten für Gatsbys Beerdigung übernahm.

So ist auch seine Erinnerungsarbeit ausgerichtet gegen das Vergessen, sie ist ein Ausdruck nachgetragener Freundschaft in einer Zeit der Kälte und Gleichgültigkeit. Ohne den Erzähler wäre Gatsby eine Randerscheinung der New Yorker Gesellschaft geblieben, so wie sein Tod von dieser auch nur als Zeitungsnotiz zur Kenntnis genommen wurde. In dieser Erinnerungsarbeit erscheinen Gatsbys Vergangenheit, sein plötzlicher Reichtum, seine Hoffnungen und sein Scheitern in ihrem ursächlichen Sinnzusammenhang. Zugleich befindet der Erzähler aus der zeitlichen und räumlichen Distanz auch über sein eigenes damaliges Handeln und Fühlen und die gewonnenen Einsichten.

Der Ich-Erzähler *Nick Carraway* hat einen Namen, der zwei Assoziationen zuläßt: »*Care*« = *sorgen* und »*carry away*« = *wegtragen*. Beide Assoziationen sind charakterisierend und werden durch sein Handeln gestützt.

Er setzt an den Beginn seines Berichtes die Maßstäbe, denen er in seinem Verhalten zur Umwelt gefolgt war. Mit diesen Maßstäben schien er Toleranz und Gelassenheit zu verkörpern und ein idealer Vertrauter für Bekenntnisse persönlichster Art zu sein. In Wirklichkeit drücken diese Lebensregeln jedoch eher die arrogante Distanz eines Privilegierten aus, die durch die Begegnung mit Gatsby vollkommen erschüttert wird. Er begreift nun die Beschränktheit von Prinzipien angesichts der Paradoxien des Lebens.

»*It is what preyed on Gatsby, what foul dust floated in the wake of his dreams that temporarily closed out my interest in the abortive sorrows and short-winded elations of men.*« *(pp. 5 f.)*

Metaphorisch denunziert Nick die bedrohliche und verkommene Umwelt, in der Gatsby seinen Traum zu verwirklichen suchte. Damit ergreift er schon zu Beginn argumentativ Partei für Gatsby und gegen die »achtlosen Menschen«, von denen er sich nach Gatsbys Tod zurückgezogen hatte.

Die Veränderung erfaßt auch seine emotionale Beziehung: Nick war zwar immer noch in Jordan Baker verliebt, dennoch konnte er nach Gatsbys Tod auch diese Beziehung nicht fortsetzen, weil er ihre

Unwahrhaftigkeit und ihre Gleichgültigkeit gegenüber anderen nicht mehr verharmlosen konnte, wie er es noch zu Beginn ihrer Bekanntschaft tat (Kpt. IV).

Die soziale Rolle und Selbstdarstellung des Ich-Erzählers als eines gebildeten, sensiblen, vertrauenswürdigen Angehörigen einer traditionsreichen Familie der Mittelschicht machen ihn zu einem glaubwürdigen Begleiter und Beobachter der handelnden Figuren. Sein Blick ist zwar lange durch seine ererbten Prinzipien eingeengt, und seine Wahrnehmung der Zusammenhänge bleibt zunächst unvollständig, doch gerade seine Harmlosigkeit ist attraktiv für Menschen seiner neuen Umgebung, die ihm ihre Geheimnisse und ihre Schwächen sorglos anvertrauen. Seine Erzählerkompetenz wird dadurch offensichtlich gestärkt, doch ist er weit davon entfernt, ein allwissender Erzähler zu sein:

Daisy und Myrtle ziehen ihn in ihre Beziehung zu Tom Buchanan hinein, Tom macht ihn zum Mitwisser und Zeugen seiner Affäre, und Gatsby benutzt ihn zunächst als Vermittler und braucht ihn dann als einzigen mitfühlenden Freund.

Diese Voraussetzungen begründen auch Nicks wachsende Kenntnisse über vergangene Ereignisse, die er dann gezielt an bestimmten Stellen des Erzählablaufes einbringt (z.B. Kpt. VI, VIII). Die Rückblenden sind jeweils durch die Haltung des Erzählenden gefärbt. Sie ergänzen und relativieren sich gegenseitig in Nicks Gesamtdarstellung:

Jordan Baker, Daisys gut informierte, blasierte Freundin, berichtet ihm detailliert von Daisys Leben, ohne jedoch Einblick in die psychologischen Hintergründe und Persönlichkeitsstrukturen geben zu können.

Daisys Äußerungen über ihre Lebenserfahrungen und die Geburt ihrer Tochter wirken auf den Ich-Erzähler pathetisch und zugleich unaufrichtig, nicht unähnlich der hysterischen Art, wie Myrtle ihre Eheerfahrung und ihre erste Begegnung mit Tom beschreibt und bewertet.

Gatsbys Informationen über sein Leben enthalten einzelne falsche Daten und Unklarheiten, so daß Nick zunächst allen weiteren Informationen gegenüber skeptisch und ungläubig bleibt. Aufsehenerregende

Spekulationen und wohlfeiler Klatsch über Gatsby bewirken jedoch, daß der Erzähler sich neugierig und beeindruckt seinem Nachbarn Gatsby nähert, bald Entscheidendes über dessen Leben von ihm erfährt und nach seinem Tod sein Fürsprecher wird.

Um das Ereignis des Unfalls aufzuhellen, stützt sich der Ich-Erzähler auf einen Zeugen, der sachlich, aber ebenfalls mit einem begrenzten Verständnis der Zusammenhänge, darüber Auskunft gibt: Michaelis, der junge Grieche, der als Nachbar von George Wilson über den Hergang des Unfalls und später über Wilsons Verhalten und letzte Äußerungen aussagen wird (Kpt. VII, VIII) Außerdem sind Zeitungen und ein Untersuchungsbericht Informationsquellen, die den Hintergrund der Ereignisse schildern helfen.

Der Ich-Erzähler ist auch in diesem Fall zunächst betroffener Zeuge; im Rückblick wird er strukturieren, kommentieren und interpretieren, was er zunächst nur als Momentaufnahmen wahrgenommen hatte.

Mit Ausnahme einiger zentraler Selbstaussagen, die vor allem seine Prinzipientreue und Wahrheitsliebe als charakteristische und heute seltene Tugend unterstreichen sollen (Kpt. III, p. 80), geht die Charakterisierung des Nick Carraway im wesentlichen indirekt aus seinem Verhalten im Verlauf der Ereignisse, aus der Reaktion anderer auf ihn, aus seiner Haltung gegenüber Gatsby und vor allem aus seinem Buch über seine Erfahrungen hervor.

Der Ich-Erzähler lenkt die Aufmerksamkeit nicht auf sich, sondern entwickelt eine Perspektive von Empathie und kritischer Vernunft, von der aus die Personen beleuchtet werden.

Doch Nick ist längst nicht nur Übermittler eines Gesellschaftsdramas und Vermittler zwischen Gatsby und der Nachwelt, er ist in die Figurenkonstellation handelnd einbezogen und auch durch seine Widersprüche und seine Entwicklung ein »round character«: Seine Zuneigung für die attraktive und manipulative Jordan Baker, seine Phantasien beim Durchstreifen der Straßen im abendlichen New York (Kpt. III), seine selbstgewählte Einsamkeit unterstreichen seine emotionale Sehnsucht und weisen Parallelen zu Gatsby auf. Zwischen beiden gibt es Gemeinsamkeiten: Beide sind etwa 30 Jahre alt, sie stammen aus dem Mittleren Westen und blicken auf Erfahrungen mit dem Krieg in Europa zurück. Beide sind aus Gründen der Karriere und einer Beziehungsproblematik nach New York gegangen.

Nicks Sympathie und auch sein kritischer Abstand zu Gatsby sind nicht rational, sondern emotional, was wiederum auch für Gatsby gilt. Beide erleben aneinander die Fähigkeit zu vertrauen. Beide entwickeln als junge Erwachsene die Stärke der Loyalität, was sie von ihrer Umgebung abhebt.

3.4 Erzählzeit und erzählte Zeit

Im ersten Kapitel umreißt der Ich-Erzähler *die von ihm erzählte Zeit* als die Monate zwischen dem Frühjahr und dem Herbst des Jahres 1922. Anfang und Ende werden nicht genauer datiert; Nick scheint sich im April /Mai in West Egg einquartiert zu haben, denn es war warm und das Vorgefühl eines neuen Sommers belebte ihn:

»And so with the sunshine and the great bursts of leaves growing on the trees. ... I had that familiar conviction that life was beginning again with the summer« (p. 8).

Im Spätherbst nimmt er Abschied von West Egg:

»So when the blue smoke of brittle leaves was in the air and the wind blew the wet laundry stiff on the line I decided to come back home« (p. 220).

Nick akzentuiert das von ihm erzählte Geschehen zeitlich dadurch, daß er es eingrenzt und focussiert:

Daisy und ihre Welt :

»... the history of the summer really begins on the evening I drove over there to have dinner with the Tom Buchanans.«

Ende Oktober, am Ende seiner Zeit im Osten, begegnet er dann Tom Buchanan zufällig in New York. Bei dieser Begegnung befragt er ihn zu den Hintergründen von Gatsbys Ermordung, die etwa zwei

Monate zurückliegt. Toms Gleichgültigkeit, Selbstgerechtigkeit und Skrupellosigkeit bewirken, daß Nick sich innerlich endgültig von der Kaste dieser Menschen löst und einen weiteren Grund für seinen Rückzug in seine Heimatregion, den Mittleren Westen, sieht. Die Entwicklung und Veränderung in Nicks Beziehung zu Daisy und ihrer Welt spielt sich ab zwischen Mai und Oktober 1922.

Gatsbys Zeitebenen: Kurz nachdem Nick seine Bekannten Daisy und Tom wiedergegesehen hat, wird er zu Gatsbys Party eingeladen. Im Kpt. VIII, am Tag nach dem dramatischen Höhepunkt zweier Handlungsstränge, der auch einer der heißesten Tage jenes Sommers ist, läßt Nick seinen Freund Gatsby allein, um zur Arbeit zu fahren und erinnert sich an jenes erste Zusammentreffen:

»*I thought of the night when I first came to his ancestral home, three months before*« (p. 194).

Der Höhepunkt des Sommers, die Hundstage, liegt im August. Nick umfaßt also mit seiner Bemerkung drei Monate, in denen er Gatsby begegnet und nahegekommen ist. Damit wird der Handlungskern auch zeitlich auf Gatsby bezogen: Zwischen Mai und Ende Juli steht die Abfolge von Gatsbys Festen im Zentrum von Nicks Wahrnehmung. Ende Juli wird er von Gatsby nach New York mitgenommen und beginnt, die Widersprüchlichkeit und Undurchsichtigkeit seines Reichtums zu empfinden (Kpt. IV). Hier setzt die Konzentration auf die Beziehungsgeschichte zwischen Gatsby und Daisy ein. Sie endet mit Gatsbys Tod wenige Wochen später.

Die von Nick erzählte, auf Gatsby bezogene Zeit, umfaßt die lineare Handlung, zugleich ist eine andere Zeitebene ständig latent präsent und wird durch Einschübe an die zeitliche Oberfläche geholt: Gatsbys Vergangenheit und, darin eingebettet, die Geschichte seiner Liebe zu Daisy.

Zu den wenigen Monaten des Jahres 1922, die von Nick erzählt werden, stehen die wenigen Wochen der Begegnung von Daisy und Gatsby fünf Jahre früher, 1917, in mehrfacher Beziehung. Diese werden teils von Jordan Baker erzählt (Kpt. IV), teils von Nick nach Gatsbys Erinnerungen wiedergegeben und interpretiert (Kpt. VII).

Darunter existiert eine Handlungsebene, die den Jugendlichen James Gatz, der sich dann Jay Gatsby nannte, und den Beginn seines Traumes von Erfolg und Vollkommenheit darstellt. Dieser Zeitabschnitt des Siebzehnjährigen am Beginn eines fünfjährigen »Bildungsweges« wird von Nick resümiert und antizipierend erzählt (Kpt. VI), um die vielen Spekulationen über Gatsby zu korrigieren. Eine Bestätigung der noch weiter zurückliegenden, aber für den Charakter Gatsbys so entscheidenden Zeitebene wird durch den Vater Gatz eingebracht, als dieser zur Beerdigung seines Sohnes eintrifft. Er verweist voll Stolz auf dessen Eintragungen in ein Notizbuch im Jahr 1906, in denen er sich Verhaltensmaßregeln auferlegte, die ihn im Leben voranbringen sollten. Wenn Gatsby von Nick als etwa gleichaltrig beschrieben wird (Kpt. III, p. 132), d.h. 1922 etwa dreißig Jahre alt ist, dann wirft das Dokument ein Licht auf die Zielstrebigkeit des etwa 14-jährigen Jungen (Kpt. IX).

Auch Nicks Familienhintergrund und persönliche Entwicklung (Kpt. I), auch Daisys Verliebtheit in Gatsby und spätere Ehe mit Tom Buchanan (Kpt. IV) werden durch einen *vertikalen Schnitt in die erzählte Zeit* eingefügt, doch nur Gatsby entwickelt durch die fragmentarischen Berichte von Stationen seines Lebensweges die Faszination einer besonderen Persönlichkeit und zugleich die Problematik eines in die Irre gehenden Einzelgängers.

Die durch den Ich-Erzähler erzählte Zeit ist nicht völlig identisch mit der *erzählten Zeit des Romans:* Diese ist umfassender und bezieht die Erzählsituation des Ich-Erzählers mit ein. Auch wenn die Zeit zwischen den Erlebnissen des Jahres 1922 und der Jetzt-Zeit des Erzählers durch diesen nicht konkret ausgefüllt wird, so ergänzt die Vorstellung des Lesers sie doch zu einem Zeitraum, der auf die Aufarbeitung der vergangenen Geschehnisse bezogen bleibt.

Nick sagt zu Beginn des letzten Kapitels:

»After two years I remember the rest of that day... « (p. 204), womit er Gatsbys Todestag im August 1922 meint. Zur erzählten Zeit des Romans gehören also auch die Monate vom August 1922 bis August 1924.

Die Erzählzeit des Ich-Erzählers, d.h. die Dauer seiner Erinnerungsarbeit, erstreckt sich über eine lange Zeit zwischen 1923 und 1924. Nick kommentiert sie mehrfach, z.B. wenn er sich bemüht zeigt, seine Darstellung so sachlich korrekt wie möglich abzufassen:

»Reading over what I have written so far, I see I have given the impression that the events of three nights several weeks apart were all that absorbed me. On the contrary...« (pp. 75/76).

Er zieht alte Aufzeichnungen heran, um noch präziser Auskunft zu geben:

»Once I wrote down on the empty spaces of a timetable the names of those who came to Gatsby's house that summer. It is an old time-table now, disintegrating at its folds,...« (p. 81).

Der imaginäre Leser soll die Betroffenheit des Erzählers erfassen, er soll sein Bemühen begleiten, aus der Verwirrung und Erschütterung durch die Ereignisse neue, wahrhaftigere Maßstäbe zu gewinnen (Kpt. I) Daher ist die lange und mühevolle Erzählzeit auch ein Mittel der Charakterisierung des Ich-Erzählers.

Die faktische Erzählzeit ist zeitlich meßbar und begrenzt im Vergleich zu der nicht begrenzbaren Dimension des Erinnerns, die der Ich-Erzähler zum Teil seines Lebens gemacht hat.

3.5 Die Charakterisierung des Gatsby

Gatsby gewinnt als Protagonist Konturen durch direkte und indirekte Charakterisierungen und durch den Spannungsaufbau.

3.5.1 Direkte Charakterisierung durch den Erzähler

Von der Haltung und dem Wissen des Erzählers hängen vor allem die Beschreibung und Interpretation Gatsbys ab. Deutlichster Ausdruck seiner Haltung ist Nicks rückblickendes Urteil:

»Only Gatsby, the man who gives his name to this book, was exempt from my reaction – Gatsby, who represented everything for which I have an unaffected scorn... No – Gatsby turned out all right at the end;...« (p. 5).

Gatsby, eigentlich eine Anti-Figur für den Erzähler, hält also als einziger seiner Betrachtung stand. Der Erzähler erstellt in seinem Buch das nachdenklich stimmende »Denkmal« eines Unzeitgemäßen, eines enthusiastisch Hoffenden, eines großzügig Gebenden, eines überlegenen und zugleich fehlenden und scheiternden Einzelgängers in einer Zeit der persönlichen Unverbindlichkeit und des eitlen Scheins. Sein letztes Wort zu Gatsby lautete: *»You are worth the whole damn bunch put together«* (p. 194).

Gatsbys Charakterisierung durch die Assoziation mehrerer religiöser oder philosophischer Grundmuster zeigt die emotionale Einfühlung des Erzählers und die Besonderheit des Gatsby. Die verschiedensten christlichen und vorchristlichen Motive überkreuzen sich:

Gatsby, so heißt es, fühlte sich als Sohn Gottes und unabhängig von seinen leiblichen Eltern. Daneben wird von seiner platonischen Selbstfindung gesprochen, der Suche nach dem Ich-Ideal.

Im Gegensatz zur puritanischen Lehre der Enthaltsamkeit, der Lebensstrenge und Gottesfurcht wählte Gatsby den Weg vitaler Lebensbejahung, vor und in seiner Zeit mit Dan Cody (Kpt. VI).

Als er Daisy trifft, erlebt er einen inneren Wandel auf ein Ideal hin, dem er sich absolut wie einem Heiligtum zuwendet. Im Gegensatz zu dem alten europäischen Mythos des »Gral«, dem Anreiz ritterlicher Tugenden, ist der »Gral« für Gatsby vor allem Ausdruck ästhetischer und sinnlicher Schönheit, nicht moralischer Vollkommenheit. Und so »sündigt« er, weil er ihrer vor allem durch Reichtum würdig werden möchte.

Die Assoziation der Leiter, die er über sich zum Himmel führen sieht, als er Daisy im Arm hat (Kpt. VI), erinnert an die »Jakobsleiter«, die Vision des Jakob (Genesis 28). Die Bedeutung hier ist der Gegensatz zwischen der persönlichen Zukunftsvision, der »Himmelsleiter«, und der Liebesbindung. Der Himmel erscheint metaphorisch als Erdmutter, die die Milch des Lebens spendet. Mit seinem Verzicht auf diese Vision wunderbarer Lebenskraft und mit seiner Hinwendung zu Daisy als neuem Ideal hat er sich abhängig von ihr gemacht.

Der Vergleich der Feste Gatsbys mit dem Festmahl des Trimalchius (p. 145) (nach dem **Satyricon** des römischen Autors Petronius) unterstreicht wiederum das Motiv des hedonistischen Lebens. Daisy verachtet jedoch das farbenprächtige und ausschweifende Treiben, was Gatsby genau wahrnimmt. Sobald Daisy bei ihm ist, treten daher an die Stelle der Musik und der Opulenz wiederum die Einsamkeit des Paares und die intime Stille.

Fitzgerald verwarf den lange favorisierten Titel: »**Trimalchio in West Egg**« vermutlich, weil dieser der Widersprüchlichkeit Gatsbys nicht gerecht werden konnte.

Dieses Bild einer amoralischen Überflußgesellschaft kontrastiert Fitzgerald mit traditionsreichen christlichen Bilder. Diese sind allerdings ebenfalls ausschließlich Metaphern innerweltlicher Bindungen und Sehnsüchte, nicht christlicher Glaubensinhalte. Sie dienen der Hervorhebung von Gatsbys besonderer Lebensintensität. Der Widerspruch wird auch durch seinen Namen, »Gatz«, den er selbst zu »Gatsby« verändert hat, ausgedrückt: Die Assoziation ist *»guts«* = *Verwegenheit, Kraft, Rücksichtslosigkeit.* Damit wird die eine Seite von Gatsbys Verhalten in der Gesellschaft angedeutet, die andere Seite ist seine Haltung naiver Verehrung und Treue eines mittelalterlichen christlichen Ritters.

Der Erzähler hebt rückblickend Gatsbys unerschütterlichen Glauben an die Möglichkeiten des Lebens und seine feinnervige Reaktionsfähigkeit hervor, die seine beeindruckende Karriere als Soldat und seine noch schnellere Karriere als Geschäftsmann erklären helfen. Doch werden gerade diese Begabungen in dem von Nick berichteten Drama zu Gatsbys Untergang beitragen.

Gatsby hatte sich als 17-jähriger nicht nur seinen eigenen Namen gegeben, indem er seinen Herkunftsnamen abwandelte und sich damit von seinen unauffälligen, erfolglosen Vorfahren abwandte, er wollte auch seine Identität mit Hilfe begünstigender Umstände groß und bedeutend machen. Wenn er sich als »Sohn Gottes« zu Höherem berufen fühlte, wie der Erzähler schreibt, so war die Realität dagegen wenig erleuchtet: Sein neues Leitbild Dan Cody, ähnlich wie später Meyer Wolfsheim, war ein gerissener Spekulant und Profiteur.

Des jungen Gatsbys Ziel im Leben war anfangs unklar. Armut erschien ihm als Schande und Reichtum als Zeichen von Bedeutung. Nach seinem Eintritt in Daisys Haus entdeckt er die Klasse der Reichen, eine zuvor wie durch Stacheldraht (p. 186) versperrte Welt der Schönheit, des Wohlklangs und der kühlen Eleganz, die für ihn zum Zentrum umfassender Vollkommenheit wird:

»...and Gatsby was overwhelmingly aware of the youth and mystery that wealth imprisons and preserves , of the freshness of many clothes, and of Daisy, gleaming like silver, safe and proud above the hot struggles of the poor« (pp. 188 ff.).

Er identifiziert und idealisiert Daisy als die ferne, hohe junge Frau, der er ritterlich zu dienen habe. Nick interpretiert es so: *»High in a white palace the king's daughter, the golden girl.«* (p. 155) Obwohl Daisy durch ihren suggestiven Namen und ihre Vorliebe für die Farbe weiß Unschuld und Reinheit zu vermitteln scheint, ist Gatsby nicht von ihrem »inneren« Wert, sondern von ihrer vollkommenen, schönen Schale angezogen. So wird seine Passion für sie fortan zur Suche nach dem edlen Kelch, dem »heiligen Gral«. Dieses Heiligtum ist mehr als die Person Daisy, es ist Gatsbys Projektion aller Wünsche nach irdischer Vollkommenheit auf Daisys Haus, auf ihre Umwelt, auf sie selbst als ein nur kurz gefühltes und immer ersehntes Paradies. Gatsbys Reichtum, sein Haus, sollen ihr wie eine solche schöne Hülle dargebracht werden.

In Daisys Haus fällte Gatsby mit seiner Liebe zu Daisy auch die Entscheidung über seinen Lebenstraum: Er sollte von nun an kein einsamer Weg entsprechend seiner *»Platonic conception of himself«* (p. 128) sein, sondern für und durch sie zur Realität führen. Er erlebte in Daisy die Inkarnation seiner Idee der Liebe, was ihn für immer an ihre kaum gekannte Person band:

»He knew that when he kissed this girl, and forever wed his unutterable visions to her perishable breath, his mind would never romp again like the mind of God. So he waited, listening for a moment

longer to the tuning fork that had been struck upon a star. Then he kissed her. At his lips' touch she blossomed for him like a flower and the incarnation was complete« (pp. 144 f.).

Da Gatsby seine Selbstgestaltung und seine Lebensentscheidungen nun auf die Bedürfnisse und das Bild Daisys ausrichtete, war die Überhöhung ihrer Person eine fatale Folge. Bis zu seinem Ende erkannte er nicht, daß sie für ihn immer unerreichbarer wurde, je nachdrücklicher er auf dem Idealbild ihrer Beziehung beharrte.

Gatsby strebt bis zuletzt nach der Erfüllung eines längst überlebten Traumes (Kpt. IX), er wacht besorgt vor einem fremden Haus über eine ihm längst fremd gewordene Frau (»watching over nothing« p. 185.). Er hat für die Wiedererschaffung des »Paradieses« sein Geld in der Illegalität gemacht und wird von Daisy fallengelassen, als das offenbar wird. Doch selbst, als er erschüttert und nahezu zerstört erscheint, bleibt sein Glaube an den »Gral« intakt.

Gatsby wird von Daisy nur einmal charakterisiert, nämlich mit den Worten: »*... you look so cool (...) You always look so cool«* (p. 153). Kühle ist gleichbedeutend mit Reichtum, Selbstsicherheit, Selbstkontrolle und Überlegenheit. Daisy ist beeindruckt von dem elegant und hell gekleideten, höflichen, kühl wirkenden Gatsby. Auch sie liebt nur seine Hülle. Sie lehnt erschrocken ab, was dunkel in ihm ist: Seine Erinnerung an die »heiße« Armut, seine dunklen Geschäfte, seine Passion für sie (p. 189 e.a.). Doch aus der »Hitze« der Armut hat Gatsby die Entschlossenheit zu seinem Aufstieg mitgebracht und die aufmerksame Wärme seines Lächelns, das ihn von den anderen kalten Menschen unterscheidet:

»*It was one of those rare smiles with a quality of eternal reassurance in it, that you may come across four or five times in life. It faced – or seemed to face – the whole eternal world for an instant, and then concentrated on you with an irresistible prejudice in your favour...«* (pp. 65 f.).

In auffallendem Gegensatz zu diesem offenen, freundschaftlichen Lächeln hat Gatsby, wie Nick wiederholt betont, eine einzigartige kühle Ruhe und Höflichkeit erworben, eine Aura, die ihn wie eine Rüstung nahezu undurchsichtig und unverletzlich gemacht hat.

Doch Daisys Mann behauptet aggressiv, ihn zu durchschauen; er denunziert ihn und zerbricht seine Fassade:

»Jay Gatsby had broken up like glass against Tom's hard malice, and the long secret extravaganza was played out« (p. 186).

3.5.2 Spekulationen, Anklagen, Meinungen

Als Leitmotiv ziehen sich durch die Kapitel I–VI des Romans unbelegte Spekulationen, die in Gatsby einen deutschen Spion, einen Verwandten des deutschen Kaisers oder gar einen Mörder vermuten. Gäste seiner Parties bedienen sich bei ihm und säen zugleich Mißtrauen wie gegen einen Feind. Gerade seine legere Großzügigkeit macht ihn verdächtig (Kpt. III, pp. 59 f.), umso mehr, als seine persönliche Zurückhaltung im Gegensatz zu dem üblichen eitlen Egoismus steht. Die phantastischen Gerüchte auf den Parties haben zwar höchstens Unterhaltungswert, doch werden sie schließlich auch der Presse bekannt, die Prohibitionsskandale aufdecken möchte (Kpt. VI).

Tom Buchanan äußert als Gatsbys Gast ebenfalls spontanes Mißtrauen und bezeichnet ihn als Alkoholschmuggler. Später setzt er seine Anklage gegen Gatsby gezielt ein, um Daisy zu schockieren. Er deutet an, daß Gatsbys Vergehen weit schwerwiegender sind als nur illegale Alkoholgeschäfte.

Während Nick beobachtet hat, daß Gatsby in den Gerüchten über seinen angeblichen Alkoholschmuggel kein Problem sieht (p. 127), zerstört Toms offenbar auf Fakten basierende Anklage Gatsbys Image, sie vernichtet ihn vor Daisy:

»He looked – and this is said in all contempt for the babbled slander of his garden – as if he had ›killed a man‹. For a moment the set of his face could be described in just that fantastic way« (p. 172).

Gatsby versucht Daisy gegenüber, alles zu entkräften, doch sie hört gar nicht mehr hin. Gatsby kann es sich nicht eingestehen, aber er hat seine Zukunft mit Daisy in diesem Moment verloren.

Tom rechtfertigt später auch seine letzte Denunziation Gatsbys, als er den von Rache besessenen Wilson auf Gatsbys Spur setzte, um ihn loszuwerden.

Meyer Wolfsheim, der nicht mehr mit dem Toten in Zusammenhang gebracht werden möchte, beschreibt selbstgefällig und auch wehmütig seine erste Begegnung mit Gatsby, die einen Schlüssel zu dessen weiterem Weg gibt:

»A young major just out of the army and covered over with medals he got in the war. He was so hard up he had to keep on wearing his uniform because he couldn't buy any regular clothes. First time I saw him was when he come into Winebrenner's poolroom at Forty-third Street and asked for a job. He hadn't eat anything for a couple of days. – Come on and have some lunch with me –, I said. He ate more than four dollars' worth of food in half an hour« (Kpt. IX, p. 213).

Gatsby ist also wieder ganz unten, nachdem er sich Jahre zuvor schon einmal aus der Armut hochgekämpft hatte. Nun aber hat er Erfahrung, Bildung und ein Ziel. Nun nutzt er die Chance der Zeit.

Meyer Wolfsheim rühmt sich, diesen hungrigen, aber intelligenten jungen Mann »gemacht« zu haben; zugleich lehnt auch er jede Verantwortung ab.

Die vielen Stimmen zu Gatsby unterstreichen die Auffälligkeit, Undurchsichtigkeit und Widersprüchlichkeit seiner Person. Sie lassen sein Bild zwischen den Extremen des Mörders und des Märtyrers, des kriminellen Dealers großen Stils und des generösen Mäzens, des romantisch Liebenden und des kühl Handelnden schwanken. Nick, der Erzähler, relativiert, versachlicht und interpretiert einfühlsam Gatsbys Weg, der ein Irrweg war. Er macht in seinem melancholischen Abschied von West Egg auch deutlich, daß in Gatsby eine große Kraft und ein großer Glaube an die Zukunft lebten, die sinnlos vertan wurden, weil sie auf der Beschwörung der Vergangenheit basierten, und tragisch endeten, weil sie auf ein moralisch zerstörtes und zerstörerisches Umfeld trafen.

Gatsby ist wegen seiner z.T. schuldbeladenen Widersprüchlichkeit, wegen seiner selbstgewählten Orientierung auf ein Ideal hin, das schön und zugleich trügerisch ist, wegen seiner Einsamkeit und seiner verborgenen Emotionalität und schließlich auch wegen seines frühen Endes ein »romantischer« Held.

3.5.3 Indirekte Charakterisierung: Gegensätze und Paradoxien

Gatsby wird durch Kontraste und Paradoxien gekennzeichnet: Er ist leuchtend hell gekleidet (*»a white flannel suit, silver shirt, and goldcoloured tie« (p. 110) »his gorgeous pink rag of a suit«, (p. 194); doch die eindrucksvollsten Beschreibungen seiner Erscheinung sind jene, die ihn im Dunkel zeigen (Kpt. I, III, V, VI, VII)).* Im Dunkel wird er zum ersten Mal von Nick wahrgenommen. Das grüne Licht am jenseitigen Ufer leuchtet ihm erst in der Dunkelheit. Im Dunkel, im Geheimen, trifft er aber auch seine geschäftlichen Entscheidungen. Das Dunkel um Gatsby ist mehrdeutig: Es ist positiv zu werten als Ausdruck des Geheimnisses seiner Innenwelt, als Ausdruck seiner einsamen Sehnsucht, als romantisches Motiv. Es ist negativ zu werten als Ausdruck seiner geschäftlichen Machenschaften, als Andeutung seiner Schwarzmarkttätigkeiten.

Weitere Paradoxien sind charakteristisch:

Gatsby drückt mit seiner Haltung Distanz und zugleich den Wunsch nach Nähe und Kameradschaft aus. Schon im ersten Moment ihrer Begegnung spürt Nick, welche Ruhe und welches Vertrauen ihm von Gatsby entgegengebracht wird. Der kühle Geschäftsmann sucht und findet einen Freund in Nick.

Gatsbys betont höfliche Redeweise fällt auf, die sich u.a. zu Nicks Erstaunen überholter Floskeln bedient, wie z.B. der Anrede »old sport«. Gatsby hat in Europa einen kultivierten Stil angenommen, der in seinem Umfeld anachronistisch und auf manche lächerlich wirkt. Wie ein englischer Collegeabsolvent und Landadeliger besitzt er eine schöne alte Bibliothek, ein Musikzimmer, und er läßt Menschen daran partizipieren und andere für sich spielen. Er selbst hat weder die Bücher gelesen, noch je das Klavier gespielt oder den Pool benutzt.

Gatsbys Besitz ist ein Symbol seiner sozialen Person, aber er ist nicht mit ihm selbst identisch. Sein Besitz ist eine repräsentative Hülle.

Im Gegensatz zu seinen Gästen, die reichlich von dem illegalen und verschwenderisch fließenden Alkohol nehmen, verhält Gatsby sich immer kontrolliert und stilbetont. Er scheint seine physischen Bedürfnisse und auch seine physische Aggression zurückgedrängt zu haben, Ergebnis seiner Selbsterziehung.

Es ist ironisch, daß Gatsby, die Verkörperung des amerikanischen Optimismus in seiner naiven Skrupellosigkeit, vor allem durch seine in Europa verfeinerten Umgangsformen Mißtrauen und Anstoß erregt.

Tom Buchanan, der Vertreter des reichen Establishment, hebt Gatsbys eigentümlichen Stil hervor. Er mokiert sich mehrfach über ihn:

»An Oxford man (...) Like hell he is! He wears a pink suit« (p. 157). u.a.

Tom, Kontrastfigur zu Gatsby, wird von Nick u.a. wie folgt beschrieben:

»Now he was a sturdy straw-haired man of thirty with a rather hard mouth and a supercilious manner. Two shining arrogant eyes had established dominance over his face and gave him the appearance of always leaning aggressively forward. (...) There was a touch of paternal contempt in it, even towards people he liked...« (p. 13).

Tom ist arrogant, physisch aggressiv, intellektuell beschränkt, selbstgerecht, rassistisch und trotz seiner sportlichen Karriere ohne fairen Sportsgeist. Er setzt sich skrupellos durch, provoziert, statt zu argumentieren, er benutzt und zerstört Menschen, ohne Verantwortung zu empfinden. Wie könnte er Gatsbys innere Verbundenheit zu Daisy verstehen, wenn er selbst diese schon auf ihrer Hochzeitsreise betrog und über Myrtles Tod wehleidig und sentimental lamentiert (p. 223). Im Gegensatz zu Gatsby geht Tom mit Daisy dominant, berechnend und manipulativ um.

Arroganz und Vorurteile kennzeichnen die Haltung des »aristokratischen« Reichen, Verbindlichkeit und Großzügigkeit die des neureichen Gatsby, ein fundamentaler Gegensatz, der charakterisierend und zugleich handlungsrelevant ist.

Die schon zu Beginn von Nicks Bericht angedeutete Übereinstimmung Daisys mit der arroganten Grundposition ihres Mannes (p. 27) läßt Gatsbys strategisch und minutiös geplantes Wiedersehen mit ihr von vornherein fragwürdig erscheinen. Paradox wirkt seine Angst vor dem Wiedersehen, da er doch so lange dafür gearbeitet hat und durch andere Feuer des Lebens gegangen ist. Aus Angst, abgelehnt zu werden, erscheint er selbst ablehnend (Kpt. V, p. 113). Diese Maske fällt erst, als Daisy die Fassade verliert und weint. Das deutet er als Zeichen einer starken Gefühlsbewegung für ihn, die ihm den Zugang zu ihr ermöglicht.

Ein weiteres Paradox liegt in der Beziehung Gatsbys zum Geld:

Er nimmt in Kauf, Gesetze zu brechen, zu bestechen etc., und doch soll das Geld ihm dazu verhelfen, in die Gesellschaft derer, die er als »decent« ansieht, Eingang zu finden. Er liebt Daisy als Verkörperung des Lebens im Reichtum, ohne je damit selbstsüchtige Ziele verbunden zu haben. Er verehrt sie wie den »Gral«, doch tatsächlich liegt in seiner Verehrung für sie auch die Verehrung des »goldenen Kalbes«. Er liebt ihre Stimme, die auch Nick sinnlich und reizvoll findet. Gatsby hat diese Stimme verinnerlicht und sagt: *»Her voice is full of money«* (p. 154). Seine Passion für sie ist untrennbar mit ihrer äußeren Hülle, ihrer Oberflächlichkeit, ihrem Image verbunden.

3.5.4 Die Charakterisierung durch den Titel

Das fiktive Gedichtzitat, mit dem der Roman eingeleitet wird, hatte ursprünglich auch für den Titel genutzt werden sollen: *»Gold-hatted Gatsby«* oder *»The High-bouncing Lover«*.

Auf Gatsby bezogen ist die eindringliche Aufforderung wie seine eigene Devise, an der er scheitert: Er hat sich »golden« gekleidet; der Glanz des Hauses ist verschwenderisch und beeindruckend, doch er kommt aus dem Dunkel nicht heraus: Hatte er noch in der Nacht vor dem Wiedersehen mit Daisy sein Haus und die Gegend in gleißendes

Licht getaucht, so gehen die Lichter der Parties bald endgültig aus, und ihre Treffen finden insgeheim statt. Der »hochspringende« Liebende, der alles eingesetzt hat, um sie zu gewinnen, scheitert. Er hat nicht seine »Seele verkauft«, aber seinen gesellschaftlichen Namen. Er hat dunkle Geschäfte gemacht. Als der Moment ihrer Entscheidung kommt (Kpt. VII), läßt sie ihn deswegen fallen. Als gesellschaftlich Gezeichneter wird er dann leichtfertig zum Sündenbock gemacht (p. 223).

Der tatsächliche Titel des Romans, »*Der große Gatsby*«, ist eine ironische Würdigung. Er stellt die Balance zwischen den widersprüchlichen Äußerungen über Gatsby her:

Gatsby *ist* eine große Persönlichkeit im organisierten Verbrechen geworden. Er zieht die Fäden und ist Teil eines illegalen Monopols. Er *ist* schuldig geworden durch aktive Beteiligung in einer Gesellschaft des kriminellen Egoismus und der sozialen Ungerechtigkeiten. Um der Armut zu entkommen, hat er, wie die »robber barons« des vergangenen Jahrhunderts, die Wirtschaftslage ausgenutzt und die Prohibition unterlaufen. Wie diese hat er den erworbenen Reichtum demonstrativ zur Schau gestellt und fürstlich Hof gehalten. Seine naive Begeisterung für das Überdimensionale, für den Überfluß läßt ihn als Kind seines Jahrzehntes der Superlative erscheinen. Der ehemals arme Jungen kompensiert als Erwachsener die Wunden der Armut. Gatsby zahlt einen hohen Preis für all das. Er ist einsam, er wird verleumdet, man mißtraut und profitiert zugleich von ihm.

Gatsby *hat* ein widersprüchliches Weltbild, das von den Mythen der Vergangenheit fasziniert ist (»American dream,« »the king's daughter«) und zugleich den modernen Fortschritt ohne Probleme adaptiert. In diesem Weltbild hat die Verlobung von zwei Liebenden als Gelöbnis des Bundes eine so tiefe Bedeutung, daß sie durch keine andere Beziehung aufgelöst werden kann. Gatsby sagt daher über Daisys und Toms Liebe: »*it was just personal*« (p. 192). Sein Glaube an dieses Weltbild, in dem Daisy den Platz des Lebenstraumes eingenommen hat, ist die Basis seiner Selbstbestimmung und seiner Identität. Diese Konsequenz ist Gatsbys Integrität und seine Größe. Gatsbys Ende ist ironisch und tragisch zugleich: Der Täter ist ihm nicht einmal bekannt, und er wird bestraft für Verbrechen, die nicht er begangen hat. Doch er sühnt damit auch seinen falschen Traum, zusammen mit Daisy glücklich leben zu können. Seine ausschließliche Fixierung auf sie war in dem Moment des Unfalls seine Schwäche und machte ihn mitschuldig. Seine Verleugnung der Realität ist Schwäche und Stärke. Seine Erinnerungen an vergangenes Glück geben ihm neuen Glauben an die Zukunft, doch er wird das Opfer eines schwachen, verzweifelten Menschen, der allen Glauben verloren hat.

3.6 Die Orte des Romans, das »setting«, als Handlungs- und Bedeutungsträger

Die Beschreibung, Konstellation und Funktion der Orte sind bedeutungsvoll auf der Ebene des Handlungsablaufs, der Charakterisierung und der Symbolik.

3.6.1 Der Kontrast der Regionen

Zwei Regionen werden einander kontrastiv gegenübergestellt: der Mittlere Westen, wo Nick und Gatsby ihre Wurzeln haben, und der Osten: New York, Long Island, wo die Handlung spielt.

Nick hatte im Osten, in New Haven, studiert und dort auch Tom Buchanan kennengelernt. Seine Vorstellung der offenen, gebildeten Gesellschaft, in der er sich beruflich einen Platz schaffen würde, war mit den Städten im Osten verknüpft. Auch um sich der einengenden Beobachtung durch die Familie und den moralisierenden Zwängen zu entziehen, geht Nick nach New York.

Gatsby war in Minnesota am Lake Superior aufgewachsen. Er hatte auf Dan Codys Yacht die Meere befahren und ging nach dessen Tod zur Armee. Während seiner Stationierung in Louisville hatte er Daisy Fay kennengelernt. Nach kurzer Zeit wurde er befördert und in den Krieg nach Europa geschickt. Nach dem Waffenstillstand im November 1918 ließ man ihn, der sich an verantwortlicher Stelle ausgezeichnet hatte, in Oxford studieren. Als er dort Daisys Ankündigung ihrer bevorstehenden Verheiratung mit Tom Buchanan aus Chicago erhielt, schrieb er ihr. Die Wirkung dieses Briefes war nachdrücklich, änderte aber den weiteren Verlauf nicht (Kpt. IV). Gatsby kam im Sommer 1919 zurück nach Louisville, aber Daisy war bereits verheiratet und auf ihrer Hochzeitsreise.

Gatsby ging nach New York, um Erfolg zu haben.

Der pragmatischen Entscheidung für die berufliche Karriere im Zentrum des Geldes und des »big business« in New York steht die Erinnerung an ein schlichteres aber authentischeres Leben im Westen gegenüber, das die Verwurzelung des Menschen in der Natur und in den Traditionen bedeutet.

Wenn George Wilson entschlossen ist, nach seinem Scheitern eine Chance im Westen zu suchen (Kpt. VII), oder Tom und Myrtle angeblich miteinander in den Westen entlaufen wollen, um sich für einige Zeit der gesellschaftlichen Reaktion zu entziehen (Kpt. II), so steht der immer noch lebendige Mythos der »open frontier« dahinter. Die Weite des Landes wird in der Phantasie damit zu einer tröstlichen Vorstellung für eine Lebensalternative.

Nick, der seine Heimat nicht idealisiert, entscheidet sich letztlich aus moralischer Überzeugung für die Rückkehr in den Westen:

»I am part of that, a little solemn with the feel of those long winters, a little complacent from growing up in the Carraway house in a city where dwellings are still called through decades by a family's name. I see now that this has been a story of the West, after all – Tom and Gatsby, Daisy and Jordan and I, were all Westerners, and perhaps we possessed some deficiency in common which made us subtly unadaptable to Eastern life« (Kpt. IX, p. 219).

Ungeachtet der offensichtlichen Defizite findet Nick hier also seine Identität. Er drückt seine Solidarität mit denen aus, die, ohne es selbst zu merken, heimatlos geworden und dem negativen, verführerischen Einfluß des Ostens erlegen sind. Ursprünglich gehörten auch sie der

Lernhilfen und Interpretationen aus dem C. Bange Verlag

☐ Bitte senden Sie mir ar. die untenstehende Adresse laufend kostenlos Prospekte und Kataloge über Bücher aus dem C. Bange Verlag, Hollfeld, Tel.: 09274-372/Fax: 09274-80230.

☐ Gesamtverzeichnis
☐ Lernhilfenverz. "namhafter Verlage"
☐ Verzeichnis d. kl. Übersetzungsbibliothek gr. und röm. Klassiker

Versandanschrift: (11/95)

Name:...

Kunde: ☐ Lehrer ☐ Student/Schüler ☐ Sonst.

Straße u. Nr.:...

Wohnort:...

Briefmarke nicht vergessen

Antwort

C. Bange Verlag
und Versandbuchhandlung
Postfach 11 60

D-96139 Hollfeld

NEUERSCHEINUNG

Klaus Sczyrba

Schwierigkeiten mit der dt. Grammatik

mit über 100 Übungen und angefügtem Lösungsteil

ISBN: 0694-7   153 Seiten DM 22,80

Für alle, die im so schwierigen Deutsch zusätzliche Sicherheit in Wort und Schrift erwerben wollen, kann dieses Buch wertvolle Hilfe und Rückhalt sein. Mit Tabellen, Erläuterungen, Definitionen und anschließenden Übungen, will der Autor sowohl dem Schüler als auch dem Erwachsenen die deutsche Grammatik näherbringen und vertiefen. Der Text ist leicht verständlich und übersichtlich gegliedert.

Aus dem Inhalt: Die Wortarten - Der Satz und seine Satzteile - Lösungen.

☐ Hiermit bestelle ich ____ Exemplar(e) dieses Titels gegen Rechnung!

NEUERSCHEINUNG

Klaus Sczyrba

Wege zur sicheren Rechtschreibung

☐ **Diktate und Übungen für das 2. Schuljahr**
   ISBN: 1409-5   DM 14,80

☐ **Diktate und Übungen für das 3. Schuljahr**
   ISBN: 1410-9   DM 12,80

Alle Bände enthalten je 50 Diktate mit vielen Übungsmöglichkeiten, eine Tabelle mit Rechtschreibschwierigkeiten, ein Verzeichnis der Texte und Lösungen. Die Texte sind in Ausmaß, Schwierigkeitsgrad und Themenkreisen dem Alter der Kinder angepaßt.

☐ Hiermit bestelle ich ____ Exemplar(e) des angekreuzten Titels gegen Rechnung!

NEUERSCHEINUNG

Reiner Poppe

Aufsatztraining für das 10. Schuljahr

ISBN: 0465-0   100 Seiten - DM 19,80

Das Aufsatzbuch setzt Beispiele und vermittelnde Informationen ein, um den Schüler/Erwachsenen zum Verfassen eigener Texte methodisch anzuleiten. Die vorgetragenen Beispiele erfassen die wichtigsten Textsorten: Erzählbericht - Bericht - Beschreibung - Erörterung - Charakteristik - Interpretation - freies Schreiben. Der Schwerpunkt liegt dabei auf alltagsrelevanten, sachbezogenen Varianten dieser Grundformen (Brief, Klappentext, Bedienungsanleitung, Sachtext, Inhaltsskizze, u.s.w.)

Gliederung: Beispiele - Themen zum Üben - Techniken - Literaturhinweise.

☐ Hiermit bestelle ich ____ Exemplar(e) dieses Titels gegen Rechnung!

NEUERSCHEINUNG

Hartig Lödige

ABC DEUTSCH - Zeichensetzung

☐ **Band 1: Regeln - Beispiele - Erläuterungen DIN A5**
   ISBN: 0495-2   116 Seiten DM 19,80

☐ **Band 2: Übungen mit Lösungen DIN A4**
   ISBN: 0496-0   160 Seiten DM 19,80

Beide Bände sind klar und übersichtlich gegliedert. - Beschränken sich auf das Wesentliche und Wichtige. Das Übungsbuch ist ideal für Selbstlerner oder zum Anfragen, da die Lösungen auf der linken Seite mittels eines entsprechenden Buchumschlags abgedeckt werden können.

☐ Hiermit bestelle ich ____ Exemplar(e) des angekreuzten Titels gegen Rechnung!

starken, optimistischen Pioniertradition an, die vor allem Walt Whitman in seinen Gedichten so enthusiastisch besungen hat.

Der Osten ist schließlich Synonym für eine reiche, verwöhnte, ziellose Gesellschaft, in der die menschlichen Fähigkeiten verkümmert und Träume zu eitlen Illusionen verkommen sind.

»Even when the East excited me most, even when I was most keenly aware of its superiority to the bored, sprawling, swollen towns beyond the Ohio, with their interminable inquisitions which spared only the children and the very old – even then it had always for me a quality of distortion...« (Kpt. IX, S. 221).

3.6.2 Konstellation der Orte im Osten

Zwei Orte ragen heraus: *Long Island* und *Manhattan*. Dazwischen liegt das *»Tal der Asche«*.

Fitzgerald hat die fiktiven Namen für reale Orte gewählt: *West Egg* entspricht Great Neck, wo er 1923/24 wohnte. *East Egg* entspricht Manhasset Neck an der Manhasset Bay. Das »Tal der Asche« ist das in den 20er Jahren mit Müll und Asche aufgefüllte Sumpfgebiet von Flushing Meadows.

Die Handlung vollzieht sich im wesentlichen auf *Long Island*. Gatsbys und Wilsons Ende ereignet sich in West Egg, Daisys und Toms Konflikte spielen in East Egg. Das *»Tal der Asche«* ist Ort eines anderen Ehedramas und eines anderen Todes. Nick nimmt diese Gegend, zunehmend beklommen, vom Zug aus wahr.

East Egg

In dem mondänen East Egg, jenseits der Bucht, haben die Buchanans ihren Wohnsitz. East Egg gleicht West Egg geographisch wie ein Ei dem anderen, doch die Bewohner von East Egg fühlen sich überlegen und verhalten sich als arrogante Oberschicht. Eine der ersten Bemerkungen Jordan Bakers in East Egg zu Nick ist: *»You live in West Egg, she remarked contemptuously«* (p. 19). Wenn Gatsby

(Kpt. VII) nach West Egg weist, um Tom zu zeigen, daß sie nur durch die Bucht getrennte Nachbarn seien, so reagiert dieser darauf abweisend, ein Auftakt der folgenden arroganten Provokationen.

Daisys und Toms Haus hat eine lockere, unaufdringliche Eleganz, dessen legere Offenheit in ironischem Kontrast zu den Spannungen und der Borniertheit seiner Bewohner steht.

West Egg

West Egg ist die andere Halbinsel, die 1922 einsam genug ist, um das Erlebnis unberührter Natur und weiten Meeres zu vermitteln. Nick fühlt sich an Pionierzeiten erinnert und am Anfang eines neuen Lebens. Er lebt hier nun allein in einem kleinen Haus ohne besonderen Komfort.

Gatsbys Palast wirkt hingegen wie ein Stilbruch (*»that huge incoherent failure of a house«, p. 224*): Er ist die protzige Imitation eines französischen Rathauses, mit einer eindrucksvollen Fassade, Türmchen und einer großen Treppe. Damit steht er in der Tradition reicher Amerikaner, die seit dem Ende des vergangenen Jahrhunderts Imitationen europäischer Paläste an der Atlantikküste als Sommersitze errichten ließen, z.B. in Newport, R.I.

Hier schafft Gatsby mit seinen Parties eine Bühne, die einzigartig ist und auf der sich die Gäste wie Stars entfalten können. Das hier inszenierte Schlaraffenland und der Klang- und Lichtzauber ziehen immer Mengen von Gästen wie Motten an. Sie suchen und finden hier die Magie, das Vergnügen und die erotische Erregung, die die neue Zeit zu versprechen scheint.

Nick hat in seinen Aufzeichnungen eine aussagekräftige Liste der unzähligen Gäste, ihrer Herkunft und ihrer Charakteristika gefunden. Auch diese zeigt, daß trotz der geographischen Nähe zu East Egg eine kaum überbrückbare soziale Distanz zwischen beiden Teilen der Insel zu liegen scheint: Gatsbys Feste sind nur für wenige Bewohner von East Egg ein Anreiz. Als Tom und Daisy schließlich doch Gatsbys Gäste sind, spürt Nick sofort ihre Verachtung und ihr Unbehagen:

»But the rest offended her – and inarguably, because it wasn't a gesture but an emotion. She was appalled by West Egg, this unprecedented ›place‹ that Broadway had begotten upon a Long Island fishing village – appalled by its raw vigour that chafed under the old euphemisms and by the too obtrusive fate that herded its inhabitants along a short-cut from nothing to nothing. She saw something awful in the very simplicity she failed to understand« (p. 140).

Zu ihrem Snobismus gegenüber dem Neureichen und seinen nicht erlesenen Gästen gesellt sich aber auch Neid angesichts der Exzentrik und Großzügigkeit der Szene, in der sich noch Neues entfalten kann. Beides sind Gründe, warum Gatsby Daisy zuliebe den Parties ein Ende setzt.

Als Daisy von Gatsby durch dessen Palast geführt wird und er von ihrem Blick den Wert seines Besitzes abhängig macht (Kpt. V), erregen nicht die reich ausgestatteten Innenräume ihre Bewunderung, sondern ein goldenes Bürstenset; und die Menge wertvoller Hemden zu ihren Füßen bringt sie zum Weinen. Sie ist überwältigt von den kleinen, greifbaren Kostbarkeiten und nicht von der überdimensionalen Pracht, die für die reich Geborenen eher etwas Fragwürdiges hat.

Von West Egg aus blickt Gatsby auf ein kleines grünes Licht, das jenseits der Bucht am Bootssteg der Buchanans nachts leuchtet. Es ist für ihn unerreichbar wie ein Stern, und so streckt er in tiefer Sehnsucht dorthin die Arme aus. Nick sieht Gatsby zum ersten Mal in dieser Haltung, und die Erinnerung daran läßt ihn nicht mehr los. Nick versteht langsam die symbolische Bedeutung des grünen Lichtes für Gatsbys Leben, das Zeichen seines Traumes, der Hoffnung auf eine Verbindung mit Daisy. Nick sieht aber auch bald die mögliche Entzauberung voraus, wenn die unvollkommene Realität die vollkommene erinnerte Emotion überlagert:

»Possibly it had occurred to him that the colossal significance of that light had now vanished forever. Compared to the great distance that had separated him from Daisy it had seemed very near to her, almost touching her. It had seemed as close as a star to the moon. Now it was again a green light on a dock« (p. 122).

Die Dimension der Anlage am Wasser ist bedeutungsvoll für die Menge der Gäste, die über Monate hinweg an den Wochenenden Gatsbys Parties besuchen und in seinem Motorboot Ausflüge auf das Meer hinaus machen. Sie verstärkt jedoch den Eindruck eines Geisterhauses, als die extravaganten Gesellschaften ein Ende haben (Kpt. VII, VIII) und es schließlich zu dem verlassenen Schauplatz des Todes wird:

»*Gatsby's house was still empty when I left – the grass on his lawn had grown as long as mine. (...) On the last night, with my trunk packed and my car sold to the grocer, I went over and looked at that huge incoherent failure of a house once more. On the white steps an obscene word, scrawled by some boy with a piece of brick, stood out clearly in the moonlight, and I erased it...*« (p. 224).

Der Tod hat den Eindruck des Grotesken noch verstärkt, und in Nicks Träumen wird West Egg, einst für ihn der Ort neu beginnenden Lebens, wie ein düsteres Bild von El Greco erinnert werden, das die Schattenseite der einstigen glänzenden Fassade zeigt.

Manhattan[22]

New York, genauer gesagt Manhattan, ist Nicks Arbeitsumfeld. Zusammen mit vielen anderen Pendlern fährt er täglich mit dem Zug von Long Island bis Pennsylvania Station und eilt dann zu seinem Büro. Abends schlendert er oft allein über die großen Avenuen, träumt angesichts eleganter Frauen von romantischen Begegnungen, oder er beobachtet mit Sympathie und Wehmut den Betrieb im Theaterviertel (Kpt. III). New York erscheint ihm wie ein anderer Kontinent, voller Kontraste und Versprechungen, die sich jedoch nur dem mutigen Entdecker erfüllen. Als er Gatsby in die Stadt begleitet, hat er den Eindruck, daß Gatsby ein solcher Mensch ist, der die Schlüssel, ein »Sesam, öffne dich«, zu dieser Welt besitzt:

»*Over the great bridge ... with the city rising up across the river in white heaps and sugar lumps all built with a wish out of non-olfactory*

---

22 cf. Texte über New York in der Materialsammlung.

money. The city seen from the Queensboro Bridge is always the city seen for the first time, in its first wild promise of all the mystery and the beauty in the world...«

»Anything can happen now that we've slid over this bridge,«I thought; »anything at all...« Even Gatsby could happen, without any particular wonder« (pp. 91 f.).

In einer Wohnung in Manhattans Norden trifft sich Tom Buchanan mit seiner Geliebten. Hier erlebt Nick in einer geschmacklos prätentiösen Einrichtung eine ebensolche Party, und darin den snobistischen, reichen Tom als willfährigen oder auch groben Galan. Es wird viel Alkohol getrunken und geraucht, was das groteske Verhalten der Anwesenden wie durch einen Nebelschleier erscheinen läßt. Alle Worte und Handlungen wirken auf den zufälligen Gast Nick Carraway demonstrativ, manipulativ und chaotisch. Statt des Glamour, den Myrtle zu repräsentieren versucht, schafft sie eine öde und zunehmend hysterische Atmosphäre. Die Spannung entlädt sich schließlich in physischer Gewalt.

Die Schlüsselszene im Plaza Hotel in New York (Kpt. VII), wohin sich die Buchanans mit Jordan, Nick und Gatsby auf der Flucht vor der Hitze und der üblichen Langeweile begeben haben, spielt in einem sehr eleganten Ambiente, aber die verworrene und blasierte Haltung und Redeweise weisen auch hier auf die Leere in und zwischen den Personen hin. Aus einer kleinen, korrigierenden Bemerkung Gatsbys entsteht die entscheidende Konfrontation zwischen Gatsby und Tom, in der dieser seine arrogante Feindseligkeit aggressiv und denunzierend ausdrückt und Gatsby vor Daisy damit moralisch vernichtet.

Zwar hat Nick, wie er sagt, New York lieben gelernt, *»...the racy, adventurous feel of it at night, and the satisfaction that the constant flicker of men and women and machines gives to the restless eye«* (p. 77).

Aber das Versprechen eines faszinierenden Lebens in dieser Stadt bleibt für Nick vage und unerfüllt. Konkret erlebt und beobachtet er Einsamkeit, Verwirrung und Hektik, und nach Gatsbys Tod ist er vollends desillusioniert von der Scheinheiligkeit Gatsbys ehemaliger Partner in New York.

So ist Nicks Urteil über die Ostküste, die Gegend eines neuen Traumes von Gleichheit, Glück und Erfolg, schließlich geprägt von den dramatischen Ereignissen. Den Osten bezeichnet er danach als »haunted«, als besessen und verloren.

Das Tal der Asche[23]

Die verlassene Gegend an einer vielbefahrenen Straße zwischen Long Island und Manhattan, an der auch die Eisenbahnlinie entlangführt, wird als riesige Aschenfarm beschrieben. Hierher wird der Abfall der verbrauchten Energie der Stadt, der Kohle, verbracht. Aschenstaub und graue Wolken haben sich auf alles, auch auf die Menschen, gelegt: »*ash-grey men who move dimly and already crumbling through the powdery air.*« *(Kpt. II. p. 33).* Hier wächst nichts Grünes, hier wächst alles in grau.

Nach der Beschreibung von leuchtender Natur, hellen Farben und dem Kontrast von Sonne und Dunkelheit (Kpt. I) ist die hier beschriebene Abwesenheit von Farbe und damit von Leben, besonders eindringlich. George und Myrtle Wilson gehören zu den wenigen Bewohnern dieser trostlosen Einöde, die von einer riesigen verfallenden Reklametafel beherrscht wird: »Doctor T.J. Eckleburg« lautet die Aufschrift, und riesige blaue Augen hinter gelben Brillengläsern blikken in unbestimmte Ferne. Diese Metapher des verfallenden Bildes und des starren, leeren Blickes auf die Menschenszene unterstreicht die zentrale Botschaft, daß der Glaube an den amerikanischen Traum verloren und die Hoffnung auf ein großes Ideal vergebens sind. Nur der einfühlsame Blick des Erzählers gibt diesen verlorenen Menschen ihre Individualität.

George Wilson ist das Endprodukt der gnadenlosen Wettbewerbsgesellschaft: Seine Energien sind verbraucht, er wird wie Abfall behandelt. Ironischerweise klammert er sich an Toms Versprechen, ihm ein Auto günstig zu verkaufen. Dann würde er endlich selbst ein Auto fahren, seine Frau beeindrucken und nicht mehr der Diener

---

23 cf. Text von T.S. Eliot in der Materialsammlung.

anderer sein. Doch Tom verhöhnt ihn nur, und Myrtle, deren Vitalität einen aggressiven Kontrast zu der Blässe ihres Mannes bildet, will mit Toms Hilfe die graue Hoffnungslosigkeit hinter sich lassen. Der Gegensatz beider Ehepartner zeigt sich auch in ihren Lebensträumen. Daher versucht Wilson schließlich, Myrtle mit physischem und moralischem Zwang bei sich zu halten:

»*I spoke to her.... I told her she might fool me but she couldn't fool God. I took her to the window ... and I said – God knows what you've been doing, everything you've been doing. You may fool me, but you can't fool God*« (Kpt. VIII, p. 200).

Wilson erinnert sich an diese letzte Auseinandersetzung mit seiner Frau kurz vor ihrem Unfall. Er starrt dabei hinaus. Der anwesende Michaelis blickt ebenfalls hinaus und bemerkt in dem fahlen Morgenlicht die riesigen leeren Augen der Reklame, die Wilson als Augen Gottes gedeutet hat.

Mit dem Hinweis auf ein Bild der Leere und des Verfalls appellierte Wilson an Myrtles Gehorsam gegenüber Gott. Er selbst hat den Glauben jedoch verloren. Als Michaelis ihn inständig drängt, Trost in der Kirche zu suchen, wird deutlich, daß er sich längst von der Kirche getrennt hat und für Trost gar nicht mehr zugänglich ist. Nachdem seine letzte Hoffnung durch Myrtles Tod zunichte geworden ist, will er alles auslöschen. Seine letzten Energiereserven werden durch die Erinnerung an seine Frau und ihre Geheimnisse für seine Tat mobilisiert.

Er, der Verzweifelte, der Verlierer, ist trotz aller äußeren Gegensätze eine ironische Parallele zu Gatsby: Seine unerschütterliche Fixierung auf seine Frau, die Erfahrung der Ablehnung aus materiellen Gründen, das Vertrauen in die Aufrichtigkeit anderer, und schließlich die Unerschütterlichkeit, mit der er das einmal gewählte Ziel verfolgt, entsprechen wesentlichen Zügen in Gatsby. So gehört es zu der dramaturgischen Ironie, daß beide trotz äußerer Gegensätze vieles miteinander gemeinsam haben. Beide sind Opfer von Menschen wie Tom und werden doch einander zu Opfern. Bis zuletzt wird Wilson von Tom gesteuert; zum Schluß nimmt er auf Toms Wink hin Rache an Gatsby und vollendet Toms Werk der Vernichtung.

Die von Nick beobachtete Verzerrung des Lebens im Osten mit ihrer offensichtlich zerstörerischen Wirkung auf Menschen und ihre Beziehungen hat ihren stärksten symbolischen Ausdruck in dem »Tal der Asche« gefunden, wo alle Energie verbraucht ist und alle Träume zu Staub und Rauch zerfallen sind.

In Fitzgeralds Roman ist der Osten der symbolische Ort, der in den Romanen von Henry James u.a. durch Europa repräsentiert wurde: Ort der fragwürdigen Aristokratien, der verfallenden Schönheit, der Verführung und Gefahr.

Der Westen, in dem Träume entstehen und Energien produktiv werden, ist auch nach seiner endgültigen Eroberung noch immer Kontrastelement zu der Gesellschaft des Ostens. Für den Erzähler wird der Westen zudem zu dem Ort seiner Identität, von dem aus er die Fäden des Dramas ordnet und dessen tiefere Bedeutung bedenkt.

3.7 Stilanalyse an Textbeispielen

Fitzgerald hat durch leitmotivische Bilder, komplexe sinnliche Eindrücke, durch die bedeutungsvolle Beziehung der Charaktere zu ihrer dinglichen Umwelt und durch die Ambivalenz vieler Elemente eine vielschichtige und zugleich sehr einprägsame Realität geschaffen. Die den Erzählablauf wirkungsvoll durchziehende Bildlichkeit, die schlichte, sachliche Handlungsstruktur und die Personenkonstellation mit Kontrasten und Parallelen lassen an den Einfluß des Films denken und erklären, zusammen mit der Ambivalenz der Personen und ihrer Beziehungen, die Modernität dieses Romans.

An drei Textbeispielen sollen diese charakteristischen Aufbau- und Stilelemente dargestellt werden.

Das erste Beispiel ist ein Abschnitt aus dem Kpt. IV, der auf die panoramische Aufzählung der Festbesucher folgt:

»At nine o'clock, one morning late in July, Gatsby's gorgeous car lurched up the rocky drive to my door and gave out a burst of melody

from its three-noted horn. It was the first time he had called on me, though I had gone to two of his parties, mounted in his hydroplane, and, at his urgent invitation, made frequent use of his beach.

›Good morning, old sport. You're having lunch with me to-day and I thought we'd ride up together.‹

He was balancing himself on the dashboard of his car with the resourcefulness of movement that is so peculiarly American – that comes, I suppose, with the absence of lifting work in youth and, even more, with the formless grace of our nervous, sporadic games. This quality was continuously breaking through his punctilious manner in the shape of restlessness. He was never quite still; there was always a tapping foot somewhere or the impatient opening and closing of a hand. He saw me loking with admiration at his car.

›It's pretty, isn't it, old sport?‹ He jumped off to give me a better view. ›Haven't you ever seen it before?‹

I'd seen it. Everybody had seen it. It was a rich cream colour, bright with nickel, swollen here and there in its monstrous length with triumphant hat-boxes and supper-boxes and tool-boxes, and terraced with a labyrinth of wind-shields that mirrored a dozen suns. Sitting down behind many layers of glass in a sort of green leather conservatory, we started to town« (pp.84 f.).

Die Szene ist eine Sequenz mehrerer unterschiedlicher Elemente: Das Bild von Gatsbys Rolls Royce bestimmt, wie mit Eigenleben ausgestattet, von Beginn an die Szene. Der letzte Teil der Sequenz bildet dazu eine wirkungsvolle Steigerung durch die charakterisierenden Adjektive *»swollen«, »monstrous«, »triumphant«* und die Aufzählung der die Größe und Pracht betonenden Elemente. Das Auto ist neben seinem Haus eine weitere prächtige Hülle Gatsbys. Die emphatische Beschreibung der Fenster als vielfache Spiegel vielfacher Sonnen wird fortgeführt durch das Bild des Autos als eigentümlichem Gewächshaus. Auch das Auto symbolisiert also Gatsbys Wahl einer glänzenden und zugleich überdimensionalen, auffälligen Außenschale, in deren Innerem glühende Energie nichts Lebensfähiges schafft.

Das Auto, das die Festgäste und nun auch Nick transportiert, erregt später wegen seiner Farbe und seiner ausladenden Dimension Toms Verachtung: *»this circus wagon«* (p. 155). Er wird Wilson dieses Auto zum Spaß anbieten und dessen Augenmerk darauf lenken. Nach dem Unfall wird es dann umso leichter identifiziert.

Vor dem beherrschenden Bild des Autos entfaltet der Erzähler drei Sequenzteile:

1. Die knappe Bilanz seiner bisherigen Kontakte mit Gatsby als Benutzer dessen luxuriöser Besitztümer.

2. Gatsbys Einladung, erster Höhepunkt der Sequenz, und die darauffolgende Beobachtung seiner Bewegungen.

3. Die Reflexion über Gatsbys Körperhaltung. Der zweite Höhepunkt liegt in dem Portrait des Autos. Der Abschluß ist ein lakonischer Satz, der zugleich Übergang zur nächsten Phase ist.

Gatsbys verbale Bestimmtheit und seine nervösen Bewegungen widersprechen sich. Der Erzähler deutet diese falsch als typisch für den erfolgreichen Mittelstand, dem körperliche Arbeit fremd sei. Später wird er anderes über Gatsbys Jugend erfahren.

Gatsby ist offensichtlich ungeduldig und unsicher, weil er Nick als Vermittler brauchen wird. Seine unterdrückten Emotionen werden aus Bewegungen deutlich, z.B. *»his hand, trembling with his effort at self-control...«* (p. 153).

Mit wenigen Worten werden Vorgänge bilanziert, einprägsame Bilder geschaffen, die Beziehung zwischen den Charakteren gekennzeichnet und ein Rahmen mit einem Spannungsbogen verbunden.

Zugleich sind die Bilder ironisch-ambivalent und voller Vorbedeutung.

Das zweite Beispiel kennzeichnet Nicks Ortsgefühl in West Egg nach Gatsbys Tod. Er wird vom Erzähler schon als barockes Bild, wie von El Greco gemalt, eingeführt. Es handelt sich um eine komplexe, visionäre Metapher:

»... a hundred houses, at once conventional and grotesque, crouching under a sullen, overhanging sky and a lustreless moon. In the foreground four solemn men in dress suits are walking along the sidewalk with a stretcher on which lies a drunken woman in a white evening dress. Her hand, which dangles over the side, sparkles cold with jewels. Gravely the men turn in at a house – the wrong house. But no one knows the woman's name, and no one cares.« (p. 220).

Mit diesem inneren Bild des Ostens wird Nick in seine Heimat zurückgehen. Es ist eine Szene, in der sich verschiedene Motive überschneiden: Nick trägt die Bilder der Party und die Bilder des Unfalls in sich. Die Menschen sind festlich gekleidet, aber freud-, wort- und namenlos. Die Frau ist betrunken und scheint leblos, nur ihr Schmuck blitzt. Aus der eleganten, selbstbewußten Person ist ein Objekt geworden, das keiner mehr will. Die Kälte, Ungastlichkeit und das unheimliche Dunkel werden durch die abweisende Natur verstärkt. Dieses ist ein Gegenbild zu Gatsbys Parties, zu der verschwenderischen Farbigkeit und individuellen Extravaganz, die er ermöglichte. Es ist ein Nachtbild über die Menschen, die hier im Osten zurückbleiben, z.B. Daisy, deren weiteres Leben vorgeahnt wird. Sie kann Gatsbys Tod langfristig nur um den Preis der vollkommenen Verdrängung ihrer Vergangenheit übergehen. Unter den achtlosen Menschen wird sie vereinsamen und anfangen zu trinken. Es ist auch eine Vorahnung, daß die von Gatsby idealisierte Frau, nach seinem Tod zum Opfer ihrer Umwelt und damit wieder abhängig wird. Das komplexe Bild hat eine suggestive und albtraumartige Intensität durch die inneren Beziehungen und Verweise auf das Gesamtgemälde des Romans.

Das dritte Beispiel ist eine weitere Vision, Teil des kontemplativen Abschieds des Erzählers von West Egg. Auch dieses ist ein komplexes Bildgefüge, das im Vergleich zu dem vorhergehenden Beispiel eine unfassende melancholische Menschheitsbetrachtung ist:

»And as the moon rose higher the inessential houses began to melt away until gradually I became aware of the old island here that flowered once for Dutch sailors' eyes – a fresh, green breast of the new

world. Its vanished trees, the trees that had made way for Gatsby's house, had once pandered in whispers to the last and greatest of all human dreams; for a transitory enchanted moment man must have held his breath in the presence of this continent, compelled into an aesthetic contemplation he neither understood nor desired, face to face for the last time in history with something commensurate to his capacity for wonder« (p. 225).

Der Erzähler, Nick Carraway, hat eine Vision der Insel, wie sie vor Jahrhunderten war, als Seeleute der »alten Welt« hier in der »neuen Welt« an Land gingen. Auf die Metapher des Blühens folgt die der Brust, die Nahrung und Fülle der Natur bedeutet. Ein großartiger, großzügiger Kontinent lag vor den Menschen, die zumindest für einen Augenblick ein Gefühl der Einzigartigkeit und des Wunders erlebten. Ihrem eigenen großen Traum folgend, der eine religiöse Intensität hatte, verstanden sie das Angebot dieses Kontinentes jedoch nicht.

Der Erzähler schafft durch eine Folge beschwörender Bilder innerhalb eines Satzes einen Spannungsbogen von Träumen und Mißverständnissen, der die Jahrhunderte verbindet.

Nachdem der Erzähler einen tiefen Blick in die gesellschaftliche Wirklichkeit und die Geschichte Gatsbys getan hat, dringt sein Blick tiefer in die Geschichte seines Landes. Gatsby ist der moderne Pionier und Entdecker, der zum Staunen und zur Bewunderung fähig war. Der wunderbare Kontinent ist jedoch längst völlig verwandelt, Gatsbys Pioniertaten waren dunkle Geschäfte, und sein Traum war rückwärtsgewandt.

»He did not know that it was already behind him, somewhere back in that vast obscurity beyond the city, where the dark fields of the republic rolled on under the night« (p. 225).

3.8 Täuschung und Enttäuschung als Leitmotive

3.8.1 Täuschung durch Sinneseindrücke

In das Netz von Täuschungen und Enttäuschungen werden alle Figuren des Romans absichtlich oder unabsichtlich verwickelt.

Daß in den zwischenmenschlichen Beziehungen die Rationalität eine untergeordnete Rolle spielt, zeigt die hervorragende Bedeutung der Sinneseindrücke in dem Roman. Sinnliche »Schlüsselreize« wie Licht, Farben, Kleidung, Stimmen, Musik etc. lösen Reaktionen, Projektionen und Hoffnungen aus, die letztlich nicht eingelöst werden. Daisys Reaktion auf Gatsby, der »cool« aussieht, Myrtles Reaktion auf Tom, der ihren Arm drückt, Nicks Reaktion auf Jordan, deren Haut golden leuchtet, Gatsbys Reaktion auf Daisy, die weint: Diese und viele andere Sinnesreize führen zu Reaktionen und Handlungsketten. Sie können schicksalhaft sein:

Myrtles Täuschung über das Auto führt zu ihrem Unfalltod. Gatsbys Faszination durch das grüne Licht macht ihn blind für die Realität. Es lassen sich viele weitere Belege für diese Zusammenhänge finden.

3.8.2 Der Mythos des »American Dream« im Roman

Die Analyse der männlichen Figuren hat gezeigt, daß alle auf unterschiedliche Weise die Verlockungen und Enttäuschungen in der scheinbar offenen und gleichen Wohlstandsgesellschaft durchlebt haben. Mit der Ausnahme des Erzählers, der seine Selbsttäuschung erkennt und sich darüber schreibend Rechenschaft abgibt, bleiben alle in der Problematik des Traumes gefangen und sind damit sowohl Opfer als auch Täter.

Fitzgerald glaubte an die Kraft des Traumes, und Gatsby ist damit sein älterer Bruder, wie er selbst einmal formuliert hat.[24] Der »amerikanische Traum« ist seit der »*Declaration of Independence*« und ihrer Formulierung des *»pursuit of happiness«* als Menschenrecht zum zentralen Mythos der amerikanischen Geschichte geworden, mit dessen Verheißung Millionen Menschen integriert und zu einer Nation wurden.[25] Die konkrete Ausdeutung des Begriffes ist zeitabhängig und widersprüchlich. Drei relevante Grundelemente sollen aufgezeigt werden:

1) Der amerikanische Traum ist auf die Verwirklichung eines Ideals im Diesseits gerichtet, wird aber durch religiöse und biblische Metaphern erhöht.

2) Er geht von dem Versprechen der Gleichheit, der Freiheit und der unbegrenzten Möglichkeiten des Landes aus und weist damit dem einzelnen Bürger die Verantwortung für sein Schicksal zu.

3) Der amerikanische Traum verspricht denjenigen Belohnung, die unerschütterlich ihrem Traum folgen und sich durch ihren Glauben, ihre Arbeit und ihre Durchsetzungsfähigkeit auszeichnen.

Dieser letzte Aspekt erklärt, warum der amerikanische Traum als Motor unermüdlicher Arbeit zu einem tradierten Wertekonzept der amerikanischen Fortschrittsgesellschaft wurde.[26] Einen Traum zu haben, verband Amerikaner aber auch unabhängig von der Epoche, der Region, der Generation und der Rasse (cf. M.L. King, »*I have a Dream*« als Ausdruck des Verantwortungsgefühls für ihr Land.)

---

24 cf. *The Notebooks of F.Scott Fitzgerald,* hrsg. M.Bruccoli, N.Y.1979.

25 cf. James T. Adams,*The Epic of America,* N.Y.Blue ribbon books,1931 in: *Texts for English and American Studies: American Dreams-American Nightmares,*ed.B.Tracy, E.Helms, Schöningh1981; Studs Terkel, *American Dreams: Lost and Found,* Diesterweg,1 987, e.a.

26 cf. Materialsammlung: *The Decline of the Protestant Ethic,* e.a.

Gatsby verkörpert den Glauben an diesen Traum als individuelle Erfolgsgeschichte; er ist von ihm ergriffen und wird von ihm vorangetrieben, ohne genau zu wissen, welche konkreten Verheißungen sich damit verbinden. Als er Daisy trifft, bekommt der Traum ein Gesicht und ein konkretes Ziel; damit entsagt Gatsby der Fülle großartiger Erfahrungen durch das Leben.

Es ist paradox, daß er später vorgibt, einer reichen Familie zu entstammen (Kpt. IV), obwohl er den Traum materiellen Erfolges verwirklicht hat, der ein Teil des Mythos ist. Doch die Gesellschaft ist eben nicht gleich, sondern zerfällt in Klassen, die den Neuankömmling ausschließen können. Gatsby täuscht also die Zugehörigkeit zu Daisys Klasse vor, um nicht als ehemals armer Aufsteiger entlarvt zu werden. Er ist der feindseligen Nachrede und Arroganz trotzdem ausgeliefert, weil er seinen ursprünglichen Traum verraten hat und ihn durch den Traum von Daisy, der Repräsentantin der arrivierten Oberschicht, ersetzt hat.

Seitdem ist er in völliger Selbsttäuschung über ihre Beziehung befangen, die ihn unfähig zu einer emotionalen Entwicklung und zu einer adäquaten Einschätzung seiner Situation macht. Gatsby hat sein Leben nun auf ein kleines Licht ausgerichtet und dafür den lockenden Glanz seiner Partys erzeugt. Das große Licht des »American dream« sieht er nicht, weil er sich hat blenden lassen.

Tom Buchanan ist privilegiert, aber er befürchtet den Verlust seiner Privilegien durch den »American dream«: Aggressiv und egoistisch beharrt er auf der »Bedrohung« der »weißen« Rasse und Kultur durch die Gleichheit aller (Kpt. I, Kpt. VII).

Er beutet die Hoffnung der Abhängigen auf eine bessere Zukunft aus und fühlt sich für ihre Enttäuschung nicht verantwortlich. Er täuscht Menschen und spielt sie gegeneinander aus. Er rächt sich, als er sich selbst getäuscht sieht.

Daisy und Jordan gehören einer Klasse und Generation an, die ihnen die Voraussetzungen bieten konnten, ihre Selbständigkeit und ihre Persönlichkeit zu entwickeln und damit den Impuls des »American Dream« auch für Frauen zu nutzen. Beide sind jedoch trotz ihrer modischen Attitüden ganz konventionell: Sie erwarten vom Mann die

Sicherheit und Entschlußkraft, den gesellschaftlichen Erfolg und die Beständigkeit, die ihnen ein Leben als »Schmetterlinge« (Kpt. I) weiterhin ermöglichen. Sie haben keine Ahnung von den Versuchungen und Risiken derjenigen, die ihrem »Traum« folgen. Beide täuschen sich über die Persönlichkeiten der Männer, weil sie äußerlich urteilen. Beide tragen gesellschaftliche Masken und täuschen sich selbst und andere über ihre Gefühle, ohne daß sie zur Verantwortung gezogen würden.

Myrtle, die der Klasse der Armen angehört, büßt ihre Täuschung, ihren heftigen Traum von einer besseren Zukunft, mit dem Tod. Ihr Mann spürte ihre unrealistischen Hoffnungen und solidarisiert sich mit ihr, indem er sie rächen will.

Tatsächlich sind beide von Tom Buchanan abhängig gewesen und von ihm getäuscht worden, was sie auf eine tragische Weise wieder vereint.

3.9 Der Roman als pessimistische Parabel des modernen Menschen

Der Roman ist auch als eine Parabel des modernen Menschen zu verstehen, was durch verschiedene Aspekte belegt werden kann:

Gatsby ist ein mittelalterlicher Ritter und ein moderner Jedermann: Gatsby ist Protagonist der Handlung und zugleich eine Kunstfigur, an der tradierte Konzepte und die Realität der Gesellschaft geprüft werden. Er kommt wie ein inspirierter mittelalterlicher Ritter auf der Suche nach dem bedeutenden Abenteuer von außen in die Gesellschaft hinein. Seinen Mut setzt er jedoch ein, um die Gesetze zu brechen. Er gewinnt nicht die Anerkennung einer edlen Dame für seine ritterlichen Tugenden, sondern für die Glanzstücke seines Besitzes. Seine Verehrung für seine Dame macht ihn nicht vollkommener, sondern schwächt ihn und macht ihn blind für die Wahrheit. Seine

Werte, vor allem sein Optimismus, werden nicht verstanden, sein Verhalten weckt Mißtrauen, und sein Wunschtraum geht ins Leere.

Gatsby vermittelt sich durch die Erschaffung eines Image. Er ist ganz ungeübt in eindeutiger verbaler Kommunikation. Seine Beziehungen sind von Mißverständnissen geprägt. Sein vorgeführter Reichtum bedeutet die Angleichung an die Prioritäten der Gesellschaft, in der er dennoch ein Fremder bleibt.

Da er sich selbst »geschaffen« hat, glaubt er sich frei von allen Einschränkungen. Er muß scheitern, weil er die Konventionen seiner selbstgewählten Umwelt ignoriert. Seine Egozentrik, Sentimentalität und Hybris spiegeln die Widersprüchlichkeit des modernen Menschen auf der Suche nach Selbstverwirklichung in einer scheinbar freien Gesellschaft wider.

Im Gegensatz zu Gatsbys Optimismus ist es ein modischer Pessimismus, den die Repräsentanten der exclusiven Gesellschaft als Rechtfertigung ihrer Gleichgültigkeit zitieren:

Tom Buchanan identifiziert sich mit den Thesen eines rassistisches Buches, das die Zukunft der »überlegenen« weißen Kultur in Gefahr sieht (Kpt. I): *»I've gotten to be a terrible pessimist about things«* *(p. 21).* Seine pessimistischen Visionen sind voller Feindseligkeit und Überheblichkeit. Obwohl sich die beiden jungen Frauen darüber lustig zu machen scheinen, zeigen sie, genau wie Myrtle, Symptome eines primitiven »Darwinismus«, weil sie ihre Männer nach ihrer physischen oder mentalen Stärke und ihrer gesellschaftlichen Durchsetzungsfähigkeit wählen. Daisy weist eine angeblich durch Tom verursachte kleine Verletzung vor und provoziert ihn halb anklagend und halb bewundernd: *»That's what I get for marrying a brute of a man, a great, big, hulking physical specimen...«* *(p. 20).* Sie war enttäuscht über die Geburt einer Tochter und impliziert, daß intelligente Mädchen in der modernen Gesellschaft keine Chance haben. Sie sagt: *»You see I think everything's terrible anyhow... everybody thinks so – the most advanced people«* *(p. 27).*

Die paradoxe Oberflächlichkeit dieses Urteils einer privilegierten, egozentrischen Klasse ist ein negativ charakterisierendes Element und schafft ironische Distanz zu ihren Repräsentanten.

Der Pessmismus des Erzählers nach Gatsbys Tod ist verursacht durch persönliche Enttäuschung. Es ist aber auch ein Pessimismus, der die Vergeblichkeit des Fortschrittsglauben betrifft: *»So we beat on, boats against the current, borne back ceaselessly into the past.«* *(p. 225).* Verlogenheit und Gleichgültigkeit der Menschen sieht er auch als Zeichen einer tiefen moralischen Krise, gegen die er sich auflehnt:... *»I felt that I wanted the world to be in uniform and at a sort of moral attention for ever:«* (p. 5).

Die Haltung des Erzählers spiegelt zweifellos Fitzgeralds wachsenden Pessimismus im zweiten Jahrzehnt des 20. Jahrhunderts. Die Lektüre der Geschichtsphilosophie Oswald Spenglers in *Der Untergang des Abendlandes* (1918–1922), übersetzt als *The Decline of the West,* beeindruckte ihn so sehr, daß er 1940 in einem Brief an seinen Lektor Maxwell Perkins schrieb:

»I read him (Spengler) the same year I was writing The Great Gatsby, and I dont't think I ever quite recovered from it.«[27]

Spengler stellte die These auf, daß der Geist einer Kultur auch mit dieser sterbe. Er behauptete, daß der Westen die erste Phase der Kultur schon durchlaufen habe und sich längst in der Phase des materiellen und intellektuellen Wohlstands befinde, auf die unweigerlich Dekadenz und Erlöschen folgen.

In seinem Roman läßt Fitzgerald seinen Ich-Erzähler implizit seine Erkenntnis vermitteln, daß Gatsby für den amerikanischen Menschen steht, der mit den von Spengler beschriebenen Lebenszyklen der Gesellschaft konfrontiert wird: Der ehrgeizige und kraftvolle Selbstentwurf seiner Person führt ihn in die Phase der Welterkundung und des Ideals. Sein Erfolg ist schon auf der moralischen Dekadenz der Gesellschaft aufgebaut. Der Rufmord vieler zielt auf psychische Vernichtung hin, der Mord an ihm ist die physische Vernichtung des optimistischen Geistes, den eine längst vergangene junge Gesellschaft einmal besaß.

---

27 zit. nach Hans Galinski, *Amerikanisch-deutsche Sprach-und Literaturbeziehungen,* Athenäum,1 972, p. 147.

Das *»Tal der Asche«* ist die komplexe Metapher für die verlöschende Kultur. T.S. Eliot hatte in der Nachkriegszeit in seinem großen Gedichtzyklus *The Waste Land* (1922) dramatische Bilder des Verfalls und der Angst in der Moderne geschaffen und in dem 1925 entstandenen Gedicht *The Hollow Men*[28] eine Armee des Todes in einer verwüsteten Welt gezeigt. Fitzgerald, der Bewunderer der Lyrik Eliots, setzt die Bilder der Trostlosigkeit in dem *»Tal der Asche«* als schockierenden Endpunkt der kalten Eleganz des reichen Establishment und dem trügerischen Glamour von Gatsbys Palast entgegen. Die Vision des Ich-Erzählers von der Insel in ihrem Urzustand unmittelbar vor dem Beginn einer neuen Kultur (p. 225) und das *»Tal der Asche«* (Kpt. II etc.) stellen die Pole eines historischen Zyklus dar, dem auch ein ungewöhnlich begabter und starker Mensch ausgeliefert ist. Damit stellt Fitzgeralds Pessimismus die Wahrheit des *»American Dream«* heute in Frage und weist auf den Gegensatz zwischen den Hoffnungen der Vergangenheit und der längst sichtbaren Zerstörung hin.

---

28 cf. Teil 6.4. Text von T.S. Eliot.

4. PARAPHRASEN DER KAPITEL MIT INTERPRETATIONSHINWEISEN

Erstes Kapitel:

Nick Carraway, zurück in seinem heimatlichen Mittleren Westen, erinnert sich an die Erfahrungen, die er in den wenigen Monaten vom Frühjahr bis zum Herbst des vorhergehenden Jahr an der Ostküste machte, und bewertet sie im Licht der Maßstäbe und Maximen, die er von seinem Vater übernommen hatte. Er stellt fest, daß sein Rückzug aus New York Folge seiner Enttäuschung über das Verhalten der Menschen war. Nur Gatsby, der seinen Maßstäben so wenig entsprach, »war in Ordnung.«

Nick schildert den eigenen Familienhintergrund und Bildungsweg bis zu dem Zeitpunkt, als seine Rückkehr aus dem Weltkrieg, die Erwartungen der alteingesessenen, konservativen Familie und die unerwünschten Verpflichtungen einer Liebesbeziehung den Impuls für eine Neuorientierung gaben. Nick geht nach N.Y., um das Bank- und Aktiengeschäft zu lernen.

Mit wenig Geld und einigem Pioniergeist sucht und findet er ein Haus fern von New York, auf Long Island. In der Einsamkeit von West Egg, einer Halbinsel gegenüber dem eleganten East Egg, bezieht er ein kleines Haus. Neben seinem Grundstück erhebt sich ein kolossales Gebäude im französischen Rathausstil, dessen Besitzer ein Mr. Gatsby ist.

Nick besucht in East Egg seine entfernte Kusine Daisy, die nach dem Krieg Tom Buchanan, einen reichen und in seiner Studentenzeit erfolgreichen Polo-Star, geheiratet hatte. Trotz des komfortablen und ästhetischen Ambiente fühlt Nick in und zwischen beiden Personen Spannungen und Frustrationen, die sich u.a. in verhüllten Attacken gegeneinander und in Daisys hektischer Fröhlichkeit und unvermittelter Traurigkeit darstellen. Ungewollt wird Nick in die Probleme der Ehe eingeweiht, als Jordan Baker, eine anwesende Freundin Daisys, Nick verrät, daß Tom gerade mit seiner Geliebten in New York telefoniere. Daisy vertraut ihm ihre Enttäuschung über ihr Leben an und erzählt mit theatralischem Selbstmitleid von der Geburt ihrer Tochter. Sie hatte damals geweint, weil es ein Mädchen war. Nick fühlt ihre Unaufrichtigkeit und eine Blasiertheit, die Toms Arroganz ähnelt. Trotz der aggressiven Spannungen in dem Haus geht Nick erleichtert davon, da Daisy und Tom ihn freundschaftlich verabschieden. Daisy will den alleinlebenden Nick »unter ihre Fittiche« nehmen und ihn und Jordan Baker zu einem Paar machen.

Spät abends vor seinem Haus, in Betrachtung der Natur, sieht Nick zum ersten Mal seinen Nachbarn, der in eindrucksvoller Haltung auf seinem Grundstück steht, dann sehnsuchtsvoll die Arme in Richtung eines kleinen grünen Lichtes am anderen Ufer ausstreckt und schließlich unbemerkt wieder verschwunden ist.

Thema: Die brüchige Fassade von Schönheit und Reichtum, hinter der sich Aggression, Frustration und Täuschung verbergen.

Bedeutungsträger: Die erlebte Natur (Nick), die affektierte Natürlichkeit (Daisy), Daisys Stimme, das grüne Licht, Gatsbys Haus.

Kontraste: die Häuser in der Natur, negative emotionale Spannung (Daisy, Tom) in einem lichten Umfeld, kontrastiert mit Gatsbys ruhiger Haltung in der Dunkelheit, physische Kontraste Daisy–Tom etc.

Zweites Kapitel:

Das zweite Kapitel setzt eine Antithese zum ersten und konkretisiert zugleich dessen Spannungshintergrund. Zwei Handlungsorte folgen hier aufeinander: Das *»Tal der Asche«* zwischen New York und West Egg und New York, genauer gesagt das Apartment, in dem sich Tom und seine Geliebte oft treffen. Das *»Tal der Asche«* ist eine trostlose, verlassene Gegend, die von einer riesigen Reklametafel dominiert wird, scheinbar Relikt der längst vergangenen Präsenz eines Augenarztes, Dr. Eckleburg.

Unfreiwillig wird Nick von Tom zur Zeugen seiner Affäre mit Myrtle Wilson gemacht. George Wilson betreibt in dieser armseligen Gegend eine Tankstelle und Garage. Er erhofft von Tom den Verkauf eines günstigen Autos, wird aber von diesem immer weiter hingehalten. Myrtle, eine kräftige, sinnliche Frau von Mittte 30, beherrscht ihren Mann und läßt ihn glauben, daß sie ihre Fahrten nach New York zu ihrer Schwester mache. Nick wird veranlaßt, das Paar nach New York und weiter in ihre Wohnung zu begleiten, wo er zu seiner Verwirrung erneut intime Details auch dieser Beziehung erfährt und inmitten einer improvisierten Party die veränderte Myrtle als affektierte Gastgeberin und Tom als nachgiebigen Komplicen ihrer Launen erlebt. Als sie ihren Geliebten jedoch mit der Nennung von Daisys Namen mehrfach provoziert, schlägt er sie heftig (auch Daisy provoziert Tom mit der Wiederholung der Bezeichnung »hulking«, nachdem sie ihm Tätlichkeiten vorgeworfen hatte, Kpt. I, p. 20).

Ähnlich wie im ersten Kapitel fühlt sich Nick auch in dieser Gesellschaft fremd und unbehaglich: die Vorurteile, die Tom so aggressiv geäußert hatte (pp. 21 f.), werden hier um Vorurteile anderer Art, nämlich gegen Juden, Verlierer, schließlich auch gegen Gatsby ergänzt. So wie Nick über Tom durch Jordan Baker informiert wurde, so hört er jetzt Catherines Klatsch über Daisy. Die Schwester Myrtles stellt als Fakt hin, daß Daisy sich nicht scheiden lasse, da sie katholisch sei. Myrtle habe etwas Besseres als ihren Mann verdient und werde mit Tom in den Westen gehen, sobald sie könne. Die Kommunikation ist assoziativ, sprunghaft zwischen »small talk« und emphatischen Vertraulichkeiten schwankend. Wieder wird Nick zum Vertrauten und damit zum Mitwisser gemacht: Myrtle erinnert erregt ihre erste Begegnung mit Tom.

Nick würde am liebsten fliehen, (wie in Kpt. I) und trinkt statt dessen zuviel. Die Konfusion dieses Tages endet für Nick in der Bahnhofshalle des Penn Station, wo er auf den Nachtzug wartet.

Thema: Nicks weitere Erfahrung mit Formen der Täuschung, des falschen Scheins.

Bedeutungsträger: Die Asche, die Gegend, das Reklameschild, die Augenpaare in den Bildern, der Hund.

Kontraste: Tal der Asche-Manhattan, Kontraste zu Kpt. I etc.

Drittes Kapitel:

Zwei Orte sind in diesem Teil vorrangig: Gatsbys Haus und Grundstück, Zentrum der Ereignisse an den Wochenenden, und Manhattan, Ort von Nicks beruflicher Tätigkeit.

Nach Nicks Erfahrungen in zwei materiell unterschiedlichen und doch im Sozialverhalten ähnlichen Kontexten konzentriert sich seine Aufmerksamkeit zunehmend auf die sinnlich erfahrbaren Ereignisse auf dem Nachbargrundstück des Mr. Gatsby: Die Vorbereitungen, die Perfektion und Dimension der dort stattfindenden Feste sind von einer Großartigkeit, die in dem Betrachter Staunen und Faszination auslöst. Zugleich wird die Vergänglichkeit der wie von unsichtbarer Hand gelenkten Dramaturgie erkennbar. Als Nick eine förmliche Einladung erhält, erlebt er, zunächst befangen, aus der Nähe die Heterogenität der Gäste, unter denen er vergeblich den Gastgeber sucht. Er trifft auf Jordan Baker, die sich in diesem Milieu auskennt und Nick nicht nur in Kontakt zu anderen Gästen bringt, sondern ihn auch ins Haus begleitet. Wieder hört Nick von Frauen befremdliche Spekulationen über Gatsbys Vergangenheit. Seine Erwartung, den Mann zu treffen, wächst. Auf dem Gang durch die Bibliothek versichert ihm ein halbbetrunkener Mann, daß die Bücher tatsächlich alle echt seien. Die sich steigernde Hemmungslosigkeit vieler Gäste im Lauf der Party hat nichts gemeinsam mit der unaufdringlichen Gelassenheit Gatsbys, der Nicks Tischnachbar ist und ihn anspricht, weil er ihn wiederzuerkennen meint. Nick ist überrascht und beeindruckt von der Ruhe, der ausgesuchten Höflichkeit und von dem entgegenkommenden Lächeln Gatsbys. Jordan teilt seine Gefühle nicht, auch sie zweifelt an Gatsby. Als sie später von einem Gespräch mit Gatsby zurückkommt, wirkt sie erstaunt, sagt aber nicht den Grund dafür.

Die Party endet mit einem Durcheinander streitender Paare im Haus und später, auf der Straße vor dem Grundstück, mit einem grotesken Autounfall. Die Konfusion über den Fahrer des Autos und die Verwirrung der Umstehenden heben sich ab von der plötzlichen Stille des Hauses und der Haltung des einsamen Gastgebers.

Auch in New York erlebt Nick die Einsamkeit in der Menge, wenn er sich nach Büroschluß auf den großen Alleen forttreiben läßt und von romantischen Abenteuern träumt. Er trifft Jordan Baker nach einiger Zeit wieder und ist von ihr zunehmend angezogen, obwohl er sich ihrer Verstellung und herausfordernden Gleichgültigkeit bewußt ist. Sie wendet sich ihm zu, weil er zuverlässig ist, wie sie meint.

Thema: Das Portrait der leisure class.

Bedeutungsträger: Das Fest als Abbild des Überflusses, königlicher Opulenz, die Musik, die Bibliothek, der Stil der Innenräume

Kontraste: Das Verhalten der Gesellschaft des Konsums und ihres Gastgebers, Geräusche und Stille.

Viertes Kapitel:

Nachdem Nick in Gatsbys Haus eingeführt ist und die Gesellschaften über mehrere Wochenenden hinweg hat verfolgen können, listet er wie ein kenntnisreicher Gesellschaftsreporter die Reihen der Gäste und die vielen kleinen Charakteristika und Anekdoten dazu auf. Eingeleitet wird dieses »Who is Who« der Einflußreichen und nach Einfluß Strebenden erneut durch den Topos des spekulativen Zweifels an der Echtheit Gatsbys, wieder aus dem Mund junger Frauen, die seine Gastfreundschaft genießen. Er sei ein deutscher Spion, ein Mörder, also im höchsten Maß unglaubwürdig und gefährlich.

Nick belegt hingegen die Genauigkeit seiner detaillierten Ausführungen durch den Rekurs auf seine Notizen aus dem Sommer 1922, die genau datiert sind. Die ironische Gesellschaftskolumne voller Exzentrizitäten endet mit einem abschließenden Satz, der wie ein Vorhang vor diesem Menschentheater niedergeht.

Mehrfach hatte Gatsby schon Nicks Begleitung gesucht. Auf ihrer gemeinsamen Fahrt nach New York nutzt Gatsby die Zeit, um Nick von seinem Leben in den vergangenen Jahren zu erzählen, was diesen mit Staunen und Zweifel füllt. Hin und hergerissen zwischen dem Wunsch zu vertrauen und der Irritation über Gatsbys Kenntnis und Nutzung seiner Beziehung zu Jordan Baker nimmt Nick an diesem Tag vieles Verwirrende an seinem Nachbarn wahr: Dieser hat offenbar beste Beziehungen zur Polizei, er hat einen undurchsichtigen jüdischen Partner, den er selbst als erfahrenen Manipulator und Spieler bezeichnet. Er wird von diesem offenbar geschätzt und als gebildet geachtet. Als Nick später Gatsby mit Tom bekannt macht, den er zufällig in dem Restaurant erblickt, sieht er ihn verlegen, und kurz darauf ist er verschwunden.

Bei ihrem Treffen im Plaza Hotel erzählt Jordan dann von dem Gespräch, zu dem Gatsby sie gebeten hatte. Sie erläutert Nick, daß Gatsby sein Haus wegen der Lage gegenüber East Egg gekauft habe, um Daisy nahe zu sein. Die Geschichte dieser Beziehung vor der Heirat von Daisy und Tom kennt Jordan nur in Umrissen. Sie vermittelt Nick eine Vorstellung von der jungen Daisy und der Atmosphäre, in der sich die kurze Liebesbeziehung zwischen Gatsby und Daisy ereignete. Daisys Entschluß, Tom zu heiraten, entsprach ihrer Lebensvorstellung und der ihrer Familie und wurde nur einmal deutlich erschüttert, als sie einen Brief von Gatsby aus Europa erhielt. Ihr Eheglück währte nur kurz, da ihr Toms häufige Untreue nicht verborgen blieb. Nach der Geburt ihrer Tochter lebte die Familie in Frankreich und später in Chicago ein luxuriöses Leben.

Nick soll auf Gatsbys Wunsch ein Treffen mit Daisy in seinem Haus ermöglichen. Nick erinnert sich jetzt seines ersten Anblicks von

Gatsby und ist angerührt von der Diskrepanz zwischen der Bescheidenheit dieses Wunsches und der jahrelangen Arbeit für seine Verwirklichung. Nick hat sich in Jordan Baker verliebt.

Thema: Auf den Spuren von Gatsbys Gegenwart und Vergangenheit.

Bedeutungsträger: Gatsbys Auto, die Brücke nach Manhattan, der Brief an Daisy, *»there are only the pursued, the pursuing, the busy and the tired.«*

Kontraste: Gatsbys Widersprüche, Daisys Entscheidungen, Nicks Verliebtheit als Gegenmittel etc.

Fünftes Kapitel:

Als Nick nachts nach Hause kommt, ist er schockiert, die Gegend von Gatsbys Palast her hell erleuchtet zu sehen. Obwohl es tiefe Nacht ist, lädt Gatsby seinen Nachbarn Nick zu einem gemeinsamen Bad ein. Noch unter dem Eindruck seiner Begegnung mit Jordan ist Nick ungeduldig, drückt aber seine Bereitschaft aus, Daisy zu sich zum Tee einzuladen. Als Gatsby gleichgültig tut und Nick die Andeutung eines für ihn günstigen Geschäftes macht, lehnt Nick dieses irritiert ab.

Als Nick am nächsten Tag eilig einige Vorbereitungen für Daisys Besuch macht, stellt er fest, daß Gatsby mittlerweile Anordnungen zur umgehenden Verschönerung des Gartens und Hauses getroffen hat. Eine Stunde vor dem verabredeten Zeitpunkt erscheint Gatsby in Nicks Haus, elegant gekleidet, aber blaß und unruhig. Diese Unruhe steigert sich bis zur Panik. Als Daisy, mädchenhaft schön und elegant, vorfährt, hat Gatsby schon fast die Flucht ergriffen.

Daisy begegnet ihm, mit verlegener und gut überspielter Überraschung. Gatsbys Angst und Erschütterung drücken sich in steifer Haltung und Kälte aus. Es gelingt Nick, Gatsby zu beruhigen und zwischen Daisy und ihm zu vermitteln. Kurz darauf findet er eine vollständig veränderte Lage vor: eine weinende Daisy sitzt einem strahlenden Gatsby gegenüber. Voller Begeisterung möchte er ihr nun seinen Besitz zeigen. Er führt sie durch den Garten, das Haus, die Flucht von Räumen mit üppiger Ausstattung und vielfältigen Stilelementen. Daisy ist durch Gatsbys Intensität und die Überraschung angesichts seines Besitzes emotional so angegriffen, daß sie schließlich, als Gatsby ihr die Menge seiner kostbaren Hemden zu Füßen wirft, in Tränen ausbricht. Gatsby hatte sie unverwandt angesehen, fast ungläubig, sie endlich bei sich zu wissen.

Er enthüllt ihr seine unablässige innere Verbindung zu ihrem Leben durch die Zeitungsausschnitte, in denen sie erwähnt wurde. Daisy erfühlt Gatsbys jahrelange Konzentration auf ihre Person und ist bewegt. Nick läßt beide schließlich allein, im Dunkel auf der Couch alten Schlagern lauschend und ganz in einander versunken. Nick vermutet, daß Gatsby den Unterschied zwischen seinem lange genährten Traum und der Realität noch schmerzlich spüren wird. Doch vertraut er jetzt dem Zauber von Daisys Stimme.

Thema: Wiederbegegnung mit der Erinnerung, Schock und Glück.

Bedeutungsträger: das erleuchtete Haus, die Führung durch das Haus und Einzelelemente, das grüne Licht, Daisys Stimme.

Kontraste: Gatsbys Verhalten, Wandel der Atmosphäre Gatsby – Daisy, Anfang und Ende des Kapitels, Licht – Dunkel.

Sechstes Kapitel:

Auf Gatsbys lange erhofftes Erlebnis des wiedergefundenen Kontaktes zu Daisy nach Jahren innerer Anspannung folgt in diesem Kapitel sofort die Entzauberung: Die weitergehende Verfolgung Gatsbys durch die Umwelt, hier in der Person eines neugierigen Reporters. An dieser Stelle erscheint ein antizipierender Bericht über die Phase in Gatsbys Leben, die ihn bis zu seiner Begegnung mit

Daisy am stärksten geprägt hatte: Der junge James Gatz, der sich an diesem Tag zum ersten Mal Gatsby nennen wird, warnt einen reichen Yachtbesitzer vor einer tückischen Stelle des Lake Superior, an der dieser vor Anker gegangen ist. Der Mann, Dan Cody, ein Pionier und reich gewordener Spekulant, trat zu einem Zeitpunkt in das Leben des jungen Mannes, als dieser seine intensiven Träume von großartiger Selbstverwirklichung an der unzugänglichen Realität scheitern sah. In der Vaterfigur des Dan Cody und dem gemeinsamen Erkunden der Welt fand er Vorbild, Warnung, Halt und Erfahrung. Daß der sich selbst durch das Trinken ruinierte, hielt Gatsby davon fern. Dan Cody hatte sich von einer Frau täuschen und ausnutzen lassen, und Gatsby verlor durch sie seine kleine Erbschaft. Einige Jahre später glaubte er dennoch, in Daisy die vollkommene, kultivierte Frau gefunden zu haben.

Nick wird zum Zeugen einer Szene, die die steigende Spannung zwischen Tom und Gatsby anzeigt: Tom, mit einer kleinen Reitgesellschaft überraschend bei Gatsby eintreffend, wird von diesem höflich behandelt. Gatsbys Höflichkeit und sein Wunsch nach kameradschaftlicher Nähe fordern jedoch die verletzende Arroganz dieser Mitglieder der »guten« Gesellschaft heraus.

Daisys und Toms Erscheinen auf Gatsbys Party ist ambivalent: Daisy ist fasziniert und zugleich voller Ablehnung, nicht viel anders als ihr Mann. Gatsby ist verunsichert und befürchtet, daß es ihr nicht gefallen habe. Er will alles tun, um Daisy ganz für sich zu gewinnen und die vollkommene Übereinstimmung wiederherzustellen. Nick ist trotz aller Skepsis von Gatsbys Treue angerührt.

Thema: Gatsbys Entwicklungsgeschichte und Gegenwart.

Bedeutungsträger: Gatsby *»a son of God«,* Dan Codys Yacht, Daisys Stimme, der Kuß, *»the milk of wonder«.*

Kontraste: Gatsbys Herkunft – sein Selbstbild, Haltungen gegenüber Gatsby – Gatsbys Haltung, Daisy damals und jetzt, Phantasie und Wirklichkeit.

Siebentes Kapitel:

Das vorherige Fest war das letzte seiner Art. Nun tritt unvermittelt eine vollkommene Veränderung auf dem Nachbargrundstück ein. Gatsby ist nur noch Gastgeber für Daisy. Das zuvor offene Haus läßt er durch neue Angestellte, die wie »body-guards« aussehen, gegen Neugierige abschotten. Selbst Nick wird zunächst der Zutritt verwehrt.

Als Nick an einem heißen Sommertag im August eine Einladung in Daisys Haus erhält, findet er dort eine ähnliche Situation wie bei seinem ersten Besuch vor. Doch diesmal ist auch Gatsby zu Gast. Er fühlt sich jedoch vollkommen fremd in diesem Haus.

Als Tom durch ein Telefongespräch abgelenkt wird, flirtet Daisy heftig mit Gatsby und fährt damit auch in Toms Gegenwart fort. Tom begreift plötzlich, daß er einen Nebenbuhler hat.

Auf Daisys Wunsch und aus Langeweile fährt die Gesellschaft an diesem sehr heißen Tag nach New York, um sich abzulenken. Die Atmosphäre zwischen den Männern ist gespannt. Tom provoziert Gatsby zum Tausch ihrer Autos. So fährt dieser mit Daisy, und Tom mit Jordan und Nick. Als Tom an Wilsons Tankstelle nachtankt, treffen sie diesen physisch und psychisch erschöpft an. Tom provoziert ihn, indem er ihm Gatsbys Auto scherzhaft zum Kauf anbietet.

Nick beobachtet, daß Myrtle eifersüchtig die Szene von ihrem Fenster verfolgt und offensichtlich Jordan für Toms Frau hält.

Im Plaza Hotel trifft die Gruppe wieder zusammen, jedoch sind alle gespannter und unruhiger als zuvor. Während aus dem Tanzsaal von unten Hochzeitsmusik hochschallt, erinnert sich Daisy an Episoden ihres Hochzeitstages. Die Konfrontation zwischen beiden Männern, die Tom schon während des Tages verbal angedeutet hatte, bricht offen aus, als Gatsby sich schützend vor Daisy stellt, indem er Tom zur Fairness ermahnt. Tom provoziert Gatsby weiter und mokiert sich über dessen Selbstdarstellung als erfolgreicher, gebildeter Gentleman. Dem hält Gatsby entgegen, daß Daisy ihn liebe und immer geliebt habe. Daisy, die diese Konfrontation zu vermeiden versucht hatte, wendet sich zunächst erbittert gegen Toms Selbstsicherheit und sagt ihm, wie von Gatsby vorgesprochen, daß sie ihn nie geliebt habe. Auf

Toms insistierende Fragen nach ihren gemeinsamen Liebeserfahrungen wendet sie sich gegen Gatsby und sagt ihm, daß sie auch ihn geliebt habe, daß er jetzt zuviel von ihr verlange. Gatsby will nicht glauben, was er hört. Er versucht, eine Entscheidung zu erzwingen, indem er behauptet, daß Daisy Tom verlassen werde. Jetzt spielt Tom vor allen Anwesenden seine Trümpfe aus und spricht Gatsbys illegale Geschäfte an. Gatsby fühlt, daß Daisy sich zurückzieht, und ist tief getroffen. An diesem Tag ist Nick dreißig Jahre alt geworden, und er spürt die Ernüchterung seines Lebensgefühls durch seine bisherigen Erfahrungen. Alle begeben sich zu ihren Autos und fahren zurück nach East Egg. Das Folgende wird von Nick wiedergegeben als Bericht des Augenzeugen Michaelis, Wilsons Nachbarn.

Wilson, erschöpft und mißtrauisch geworden, hatte sich entschlossen, mit seiner Frau den Ort zu verlassen und nach Westen zu gehen. Zwischen den Eheleuten folgte eine heftige Szene. Obwohl er seine Frau eingeschlossen hatte, stürzte sie, als sie das gelbe Auto aus New York herankommen sah, vor das Auto. Es verletzt sie tödlich und fährt mit hoher Geschwindigkeit weiter.

Als Tom und seine Mitfahrer die Unfallstelle erreichen, ist die Frau schon aufgebahrt; bei der Leiche hockt ein zusammengebrochener George Wilson. Tom organisiert autoritär die Situation, erfährt, daß es sich um ein gelbes Auto gehandelt habe und verläßt die Szene.

Im Schatten von Daisys Haus trifft Nick auf Gatsby, der unruhig um ihre Sicherheit besorgt ist und nur beiläufig etwas zum Unfallhergang äußert. Nick begreift, daß Daisy das Auto fuhr. Um sich ein Bild von Daisys jetzigem Zustand zu machen, wirft er einen Blick ins Haus. Er sieht Tom und Daisy am Tisch sitzen und ruhig miteinander reden, wie zwei Verschwörer. Gatsby hält weiter Wache vor dem Haus.

Thema: Schock der Konfrontationen und Zerstörung durch Irrungen.

Bedeutungsträger: die Häuser von Gatsby und Buchanan, die Hitze, das Telefon, die Musik, Nicks 30. Geburtstag, Rufmord und Tod.

Kontraste: die Atmosphäre in Gatsbys Haus vorher und jetzt, Daisys Widersprüche, Tom und Gatsby, Tom und Wilson, Gatsbys Wunsch und die Wirklichkeit etc.

Achtes Kapitel:

Die Vordergrundhandlung schließt zeitlich unmittelbar an, doch statt einer Auseinandersetzung mit den realen Ereignissen folgt die Beschwörung der Vergangenheit, die den emotionalen Grund für Gatsbys jetziges Verhalten bildet. Gatsbys Liebe zu Daisy fünf Jahre zuvor wurde seine lebensbestimmende Suche nach dem »heiligen Gral«.

Nick ist Gatsbys einziger Freund in dem leeren Haus. Er versucht, ihn zur Vernunft zu bringen und zum Fortgehen zu überreden. Doch Gatsby hofft immer noch, daß Daisy sich für ihn entscheiden werde. Er ist überzeugt, daß er an die Vergangenheit anknüpfen und die Liebe wieder lebendig machen kann.

Nick ist beunruhigt und möchte bei ihm bleiben, aber Gatsby wirkt gelassen und zuversichtlich. Der Gärtner will den Pool säubern, den Gatsby den ganzen Sommer hindurch nicht benutzt hat, im Gegensatz zu seinen Gästen. Nick dreht sich noch einmal um und ruft Gatsby zu, daß er viel mehr wert sei als die ganze Meute. Dieses ist Nicks einziges Kompliment, das er je an Gatsby gerichtet hat, und er ist später sehr froh darüber. Gatsby lächelt, als er es hört.

Nick versucht vergeblich, vom Büro aus Kontakt mit ihm aufzunehmen. Ein Gespräch mit Jordan ist unbefriedigend, und Nick ist es egal; er ist erschöpft.

Zur Zeit von Nicks Wache bei Gatsby wacht ein Nachbar bei Wilson. Auch Michaelis gelingt es nicht, Wilson zur Einsicht in das Unabänderliche zu bringen. In Verkennung der Situation wartet Gatsby auf Dalsys Anruf; in Verkennung der Zusammenhänge geht Wilson seinen Weg, den Mörder seiner Frau zu töten. Er fragt sich durch, um den Besitzer des gelben Autos zu finden. Als Gatsby um 2.00 Uhr mit einer Luftmatratze den Weg zum Pool nimmt, ist Wilson auf dem Weg nach West Egg.

Als Nick aus der Stadt zurückkommt und zum Haus eilt, entdeckt er den Körper des toten Gatsby auf der Luftmatratze im Pool. Nicht weit davon entfernt findet man Wilsons Leiche auf dem Rasen liegend. Für die fragliche Zeit findet sich kein Zeuge.

Thema: Illusion, Hoffnung, Verzweiflung und Zerstörung.

Bedeutungsträger: Gatsbys Haus, »der heilige Gral«, Oxford, die Rückkehr in Daisys Haus, die Hundeleine, die leeren Augen, der Pool, die Blätter.

Kontraste: Verwandlung durch die Liebe (Gatsby), Verwandlung durch Verzweiflung (Wilson), Gatsbys Zuversicht – Tod etc.

Neuntes Kapitel:

Die unmittelbar auf die Katastrophe folgenden Ereignisse erinnert Nick aus der Distanz von zwei Jahren. Das öffentliche Aufsehen dieses mysteriösen zweifachen Mordes wird trotz erheblicher Anstrengungen von Presse und Gericht nicht durch Aufdeckung der Zusammenhänge genährt, da sich alle Beteiligten in Schweigen hüllen.

Nick bleibt allein zurück mit der plötzlichen Verantwortung, seinem Freund zu einem angemessenen Abschied zu verhelfen. Während sich alle Bekannten mit fadenscheinigen Gründen zurückziehen oder verleugnen lassen, trifft Gatsbys Vater aus dem Mittleren Westen ein. Er ist beeindruckt und stolz auf den Sohn, der sich schon als Junge, wie in seinen Aufzeichnungen nachzulesen ist, Selbstdisziplin, Sparsamkeit und Korrektheit abgenötigt hatte.

Während Nick für diesen von dem Sohn nie erwähnten Vater Mitgefühl empfindet, ist er schockiert von der Kälte all der anderen Menschen aus Gatsbys reichem Leben. Auch dessen engster Partner, Meyer Wolfsohn, lehnt im Widerspruch zu seiner früheren sentimentalen Erinnerung an alte Freunde (Kpt. IV) ab, dem Toten die letzte Ehre zu erweisen. Nur wenige Menschen geben Gatsby das letzte Geleit. Blumen wurden nicht geschickt.

Nick will nach diesen Ereignissen nicht weiter im Osten bleiben. Er ordnet seine eigenen Dinge, verabschiedet sich von Jordan Baker mit

Bedauern, und als er Tom in New York trifft, stellt er ihm die Frage, ob Wilson ihn an Gatsbys Todestag aufgesucht habe. Unwillig und trotzig bestätigt Tom; daß er Wilson auf Gatsbys Fährte gesetzt habe. Nick empfindet Toms Haltung als unerträglich. Auch der Blick auf Gatsbys leeres Haus ist ihm unerträglich geworden.

Im Anblick des Meeres nimmt er Abschied von Gatsby und seinem falschen Traum.

Thema: Nicks Verantwortung, Entscheidung und Rückzug aus der seelen- und gewissenlosen Umwelt.

Bedeutungsträger: Gatsbys Haus nach dem Mord, die alten Aufzeichnungen, der Regen, der »Bücherwurm«, das Bild West Eggs, Gatsbys Traum, der Kontinent und der Ozean.

Kontraste: vorher und jetzt: Das Haus, das Verhalten von Gatsbys »Freunden«, Gatsbys Traum und sein Ende.

5. THE GREAT GATSBY: STIMMEN DER KRITIK

Eingangs wurde auf die Kritiken anläßlich des Erscheinens des Romans 1925 hingewiesen. Seitdem haben sich vor allem die englischsprachigen Kritiken mit allen Einzelheiten des Werkes Fitzgeralds auseinandergesetzt.[29]

---

29 In – *Die Klassiker der amerikanischen Literatur* – s.o. wird FSF als einer der best recherchierten Autoren bezeichnet.
cf. *Twentieth Century Interpretations of The Great Gatsby,* E. Lockridge ed., Englewood Cliffs, 1968.

Zunächst zwei summarische Urteile aus der deutschen Kritik:

*»... es setzt sich mehr und mehr das gerechtere Urteil durch, daß er dem Lebensgefühl jener Schicht, der er, ähnlich Proust, erlebend und gestaltend zugehörte, in magischer Prosa faszinierend Ausdruck gegeben hat... Ihm gelang im dritten Roman sein künstlerisch geschlossenes Hauptwerk, **Der große Gatsby**. ... Wie sich F. hier in der tragischen Figur des Neureichen selbst spiegelt und zugleich das Elend, die Leere des amerikanischen Erfolges, so ist auch **Zärtlich ist die Nacht** ...ein von seinem Leben angeregter Roman der Verelendung..«[30]*

*»In **The Great Gatsby** zeichnet F. ein aggressives Bild der Dekadenz der amerikanischen Oberschicht in den 20er Jahren, die Jay Gatsby, einem Alkoholschmuggler mit Drang zum Höheren, den Aufstieg in ihre Kreise verweigert. Die Verkommenheit dieser Schicht, an der der ›American Dream‹ als Illusion zerplatzt, zeigt F. auch in **Tender is the Night**.«[31]*

Es folgen einige Urteile der neueren englischsprachigen Kritik über die Hauptfiguren und die Bedeutung des Romans:

John Mc Cormick unterstreicht bezüglich der Personen- und Problemkonstellation den Einfluß von Henry James auf Fitzgeralds Werk und besonders auf seine beiden bedeutendsten Romane. Er nennt Fitzgerald einen Autor, »dessen geistiges Ausmaß bisher noch nicht voll erkannt wurde... Fitzgeralds Thema ist das Geld: wie es Konventionen schafft, wie es eine Macht in der Geselllschaft darstellt, deren Traditionen zerfallen und an deren Stelle regellose Regeln und die Rohformen des Menschen treten, welche täglichen Tests unterzogen werden.« Mc Cormick nennt Nick einen Erzähler Jamesscher Prägung, der zwischen beiden Polen der Gesellschaft vermittelt.[32]

---

30 Franz Lennartz, *Ausländische Dichter und Schriftsteller unserer Zeit*, Kröner Vlg.1955.

31 *Weltliteratur im 20. Jh.*, Autorenlexikon, Rowohlt, 1981.

32 John O. Mc Cormick, *Der moderne amerikanische Roman,* Vandenhoeck, Göttingen, 1960, p. 51.

In einem Aufsatz von Gary J. Scrimgeour, »*Against The Great Gatsby,*« wird die Figur des Nick Carraway dagegen einer harten Kritik unterzogen. Der Autor hält dem fiktiven Erzähler vor, daß er trotz seiner moralischen Prinzipien Gatsby als nachahmenswertes Vorbild auch für sich selbst akzeptiere, daß er genau so achtlos sei wie die von ihm Kritisierten, und daß er sich immer schwach verhalte. »*His main principle is to say nothing.*«[33]

Über Daisy und Tom schreibt Sergio Perosa:

»*Daisy, of course, is no longer a flapper – or she is a flapper still, but with a far greater power of offense than her predecessors. She has made her choice, and has chosen security and wealth; four years with Tom have made her careless and ruthless in her malice. Gatsby's dreamy attachment has no chance with her.*«[34]

Seine Bewertung der Rolle Gatsbys unterstreicht die gesellschaftliche Personenkonstellation, in der Gatsbys Fall unvermeidlich war:

»*...social contrast between the opposing characters plays a remarkable part in Gatsby, and it is therefore clear why Gatsby's defeat, determined as it is by a complex interplay of inner and outer factors, becomes tragic and not merely pathetic. Too many forces, besides his sentimental weakness, are at work against him for him to escape his doom. He is doomed for having lived too long with a single, impossible dream, defeated by social opposition, trampled down by a world of moral corruption and carelessness. But if he does not escape his fate, a ›possible‹ redemption is clearly indicated, and a gleam of hope is left at the end.*«[35]

33 in: Ernest Lockridge (ed.): *Twentieth Century Interpretations of The Great Gatsby,* Englewood Cliffs 1968, p. 74.

34 S. Perosa, *The Art of F. Scott Fitzgerald,* Ann Arbor (Un. of Michigan Press)1965, p. 68.

35 Perosa, s.o. p. 70.

Lionel Trilling, einer der Wiederentdecker Fitzgeralds und bedeutender Interpret seines Werkes, schrieb 25 Jahre nach Erscheinen des Romans:

>*The Great Gatsby after a quarter of a century is still as fresh as when it first appeared; it has even gained in weight and relevance, which can be said of very few American books of its time....The same boldness of intellectual grasp accounts for the success of the conception of its hero – Gatsby is said by some to be not quite credible, but the question of any literary credibility he may or may not have becomes trivial before the large significance he implies. For Gatsby, divided between power and dream, comes inevitably to stand for America itself. Ours is the only nation that prides itself upon a dream and gives its name to one, >The American dream‹. .. Clearly it is Fitzgerald's intention that our mind should turn to the thought of the nation that has sprung from its >Platonic conception‹ of itself. To the world it is anomalous in America, just as in the novel it is anomalous in Gatsby, that so much raw power should be haunted by envisioned romance...«*[36]

---

36 Lionel Trilling, »*F. Scott Fitzgerald*« in: *The liberal Imagination,* New York (Viking), 1950, p. 252.

6. ENGLISCHSPRACHIGER ARBEITSTEIL

6.1 F. Scott Fitzgerald:
Life and works (1896–1940)

This American short-story writer and novelist became famous for his depiction of the »jazz age« (the 1920s in the U.S.A.) His most brilliant novel was ***The Great Gatsby*** (1925). His private life with his wife, Zelda, in both America and France became almost as celebrated as his novels.

Fitzgerald was the son of an unsuccessful aristocratic father and an energetic, provincial mother. Half the time he thought of himself as his father's heir, and half the time as a descendant from the potato-famine Irish. As a result he had the typically ambivalent feelings about American life which seemed to him at once vulgar and extraordinary.

He was a representative of a literary elite at Princeton, despite his failure as a student. During his army time he was stationed near Montgomery, Ala. There he met and fell in love with Zelda Sayre, a young Southern belle and daughter of a Supreme Court Judge. F. aimed at instant success with his first novel. F.'s sudden fame after the publication of ***This Side of Paradise*** made it possible for him to marry Zelda and for both of them to play the roles they had created for themselves: those of the beautiful young people, witty and daring. In his next novel ***The Beautiful and the Damned*** (1922) the protagonists are a handsome young man and his beautiful, gifted wife who are waiting for the young man to inherit a large fortune. When they finally get it, their beauty and talent have wasted away, and there is nothing left of their dreams.

The Fitzgeralds moved to the French Riviera, where they spent most of the following years among a set of Americans who for various reasons preferred Europe to life in the States. Shortly after their arrival in France F. completed the novel ***The Great Gatsby.*** All of F.'s divided nature is in it: Gatsby, the »self-made« young man from the Midwest pursuing his dream of success, and Nick, the compassionate narrator eager to understand the intricacies of relationships and the particular drama of the heroic spirit.

The next decade of the Fitzgeralds' lives was chaotic and unhappy. Zelda's eccentric insistence on realizing herself ballet dancing and F.'s heavy drinking were symptoms of the foundering relationship. Zelda's nervous breakdowns meant long phases of separation, though F. often stayed with her, worn out with money problems and feelings of guilt. After early attempts at script-writing in Hollywood F. finally settled there for good and spent his last years in the company of Sheila Graham, a journalist. His last novel, *The Last Tycoon,* was half completed when F. died of a heart attack.

In their brilliance, refinement and scepticism Fitzgerald's works represent the time when this century was still young with the promises of a new culture based on a highly talented youth, with the first shocks of a deeply destructive era and with the awareness of man's moral frailty at a time of impressive technological advances.

6.2 The Great Gatsby: A summary

The story of Gatsby, a rich man living in a palace-like mansion on Long Island's »West Egg« is told by Nick Carraway, the impressed and bewildered on-looker of his fabulous weekend parties. Nick has gone East to learn the bank business, because »*everybody was in the bank business*« and because he wants to forget his part in the »*Teutonic migration*«, as the calls the War in Europe. His relative and distant neighbour, Daisy Buchanan, invites him to her splendid home, but Nick can't help feeling deeply confused and shocked at the frustrating atmosphere and the hypocrisy that he senses in the young couple. Unwillingly Nick becomes a witness of Tom's marital infidelity, when he accompanies Tom and his mistress Myrtle to their New York apartment and stays on during a raucous Sunday party. He feels more and more fascinated by the still unknown owner of the mansion next to his little house. When he is at last formally invited to one of those lavish and perfectly organized parties, he at last comes across the man and is impressed by his matter-of-fact politeness. What Gatsby is able to express with a smile is something Nick is only able to appreciate fully on the very last day of their strange friendship: approval and warm acceptance of another person.

Gatsby hides mysteries which Nick slowly starts to unravel: A past love affair with Daisy as a young girl became Gatsby's haunting memory of beauty and perfection which he has since tried to recapture. Daisy got married, but Gatsby followed her steps in public life as soon as he got back from the war.

Nick is asked by Gatsby and willing to act as mediator for the two former lovers. They meet in Nick's house, lavishly embellished by Gatsby's attention. What first appears to become a disaster turns into a sequence of mutual delights: Gatsby overcomes his painful shyness and exults in the opportunity of showing Daisy his home and his continuing affection.

Soon after this decisive renewal of their love the parties stop, as their function had only been to attract Daisy's attention and presence. But she actually visits the very last of these highlighted parties in the company of her husband who, not unlike many other guests, voices his contempt and his suspicion of Gatsby's wealth.

Tom Buchanan feels his superiority and his marriage endangered by Gatsby whose money dealings he then exposes to shame him in front of Daisy. At the moment of Gatsby's and Tom's confrontation over Daisy's past and present feelings, Daisy denies Gatsby the reassurance of her absolute love, which together with the humiliating revelations of his illegal transactions devastate him. On their way home Daisy drives Gatsby's car and in her nervous and irresolute state of mind hits a woman who has thrown herself in front of the car and drives on without Gatsby intervening. Nick witnesses the aftermath of the accident, Myrtle Wilson's broken husband by the side of his dead wife.

Tom, though shaken at the sight of his mistress's body, is master of the scene and also understands that it was Gatsby's car that hit her.

Wilson, beside himself with grief and despair, is obsessed with punishing the driver of the car. Tom's hint makes him turn to Gatsby's house where he shoots the man dozing on a mattress in the pool. He then kills himself.

Nick's interest in Gatsby has turned to real concern. He is now the only responsible person willing and able to look after a decent farewell for Gatsby. Except for Gatsby's father, a shy and shrunken man from the Midwest, Nick tries in vain to make people assist the funeral. It becomes a sad and disconcerting experience. Afterwards Nick can't stand the lonely house and the careless people anymore. He returns home, to the Midwest, where he starts writing the memories of the summer 1922.

6.3 Working with the text: Comprehension questions and study assignments

The following list of assignments contains *a) comprehension questions* as a guiding line for close reading and a detailed understanding of the text, *b) general topics* as comprehensive surveys and / or evaluations of key-aspects of the chapter, *c) motivation for an analysis* of the style and imagery in the novel.

Chapter one

a) Comprehension questions

1. What does Nick's father mean with his advice?
2. How useful was it for the narrator in his youth?
3. Interpret Nick's comment on Gatsby (ll.1–5, p. 5).
4. Explain Nick's family background.

5. What images underline Nick's new beginning in the East (pp. 7 ff.)?
6. Draw a sketch of the two contrasting buildings (pp. 7/10).
7. Describe Tom's physical appearance and gestures (pp. 13 f.).
8. Describe the gestures and physical appearance of the two women (pp. 15 f.).
9. What causes the narrator's feeling of immediate danger?
10. Interpret Daisy's reaction to her child's birth (p. 25).
11. How do you feel about the Buchanans' wife – husband relationship?
12. What is your impression of Nick's attitude during his first experiences in his new life?

b) General topics

Draw a scheme of the places and the people that appear in the first chapter. Collect biographical details about the characters.

Chapter two

a) Comprehension questions

1. Draw the billboard according to the description (pp. 33 f.).
2. What is Tom's business with George Wilson?
3. Compare Myrtle Wilson's gestures and behaviour to her husband's.
4. Characterize Tom's attitude to both of them.
5. Describe how the three of them get to the apartment in New York.
6. Collect the characteristic elements of the apartment and draw conclusions.
7. Describe two of the people invited by Myrtle.
8. How do Myrtle and Tom behave as hosts?
9. Gatsby's name is mentioned: Explain and comment.

10. What attitude toward George Wilson is expressed by different people?
11. Describe the violent scene between Myrtle and Tom.
12. How does Nick get home?

b) General topics

Draw a portrait of Myrtle and of her relationship to the two men. Find out about the portraits mentioned in this chapter.

Chapter three

a) Comprehension questions

1. Point out the most striking elements of generous splendour at the parties.
2. How do people generally behave at the parties?
3. What distinguishes Nick's attitude as a guest?
4. What comments about Gatsby does he hear?
5. Sum up and comment on the scene in the library (pp. 61 ff.)
6. Interpret Gatsby's first remarks to Nick (p. 64 f.).
7. Explain what Nick says about Gatsby's smile (pp. 65 f.).
8. What distinguishes Gatsby as a host?
9. Why does the party end in quarrels?
10. Give the facts of the accident near Gatsby's house (pp. 73 ff.).
11. Give an account of Nick's new life at work in New York.
12. What is Jordan Baker's part in his new life?

b) General topics

Describe and characterize the society at Gatsby's parties. The parties are sensational and sensuous. Give an account of characteristic ingredients.

Chapter four

a) Comprehension questions

1. Find out some striking aspects of Nick's social list of guests.
2. Describe Gatsby's car (p. 84 f.).
3. Tell Gatsby's version of his life in your own words (pp. 85 ff.).
4. Trace their route to New York.
5. How is Meyer Wolfsheim characterized (explicitly and implicitly) (pp. 92 ff.)?
6. What does he tell Nick about Gatsby?
7. What does Gatsby tell Nick about Meyer Wolfheim?
8. Describe Nick's encounter with Tom Buchanan (p. 98).
9. Why does Jordan tell Nick about Daisy's past?
10. How does she describe her own relationship to Daisy?
11. What did she witness of the love affair between Daisy and Gatsby ?
12. Why does Nick feel in love with Jordan?

b) General topics

Explain in detail Nick's growing amazement at Gatsby and his world on accompanying him to New York. Analyze particularly the caricaturesque descriptions of people. Tell Daisy's life according to Jordan's version and relate it to Nick's description of her behaviour at the very beginning of the novel.

Chapter five

a) Comprehension questions

1. Characterize Nick's and Gatsby's respective states of mind when they meet that night (pp. 107 ff.).
2. What are Nick's feelings about Gatsby's offer then and in retrospect (pp.106 f.)?

3. How does Nick get prepared for Daisy's visit?
4. What are Gatsby's preparations?
5. Compare Gatsby's behaviour and Daisy's attitude before their encounter (pp. 11 f.).
6. Show the different phases of tension between the two of them (pp.113–117).
7. Show Gatsby's pride and insecurity (pp .117–122).
8. What makes Daisy lose control of her normal self (pp. 121–123)?
9. Explain the role of the piano-player during the love scene (pp. 123–125).
10. Interpret the end of the chapter (pp. 125 f.).

b) General Topics

Explain Nick's role before and during the encounter of Gatsby and Daisy. Analyze the description of the weather in relation to the emotional situation.

Chapter six

a) Comprehension questions

1. What rumours about Gatsby are circulating to bring out the reporter (p. 127)?
2. What were the young man's dreams?
3. How did he try to realize them?
4. How did the young man's encounter with Dan Cody happen?
5. What did he learn from Dan Cody?
6. How do Gatsby and Tom behave towards each other on their second encounter (pp. 133–135).
7. How does Nick interpret Tom's perception of and his behaviour towards Gatsby (pp. 136 ff.)?
8. What is Nick's part during the last of Gatsby's parties (pp. 136–142)?

9. Describe the atmosphere and the behaviour of one particular guest at that party.
10. What does Daisy seem to enjoy and what does she seem to dislike?
11. Why does Gatsby interpret Daisy's reaction to the party as general dislike?
12. How does Nick characterize Gatsby's emotional situation (pp. 142–144)?

b) General topics

Analyze the father image in Gatsby's youth. Interpret the end of the chapter (pp. 144 f.) in relation to Gatsby's dreams.

Chapter seven

a) Comprehension questions

1. What changes about Gatsby's house does Nick report (pp. 145 ff.)?
2. What has caused the changes?
3. How does Nick describe the heat in the train (pp. 147 f.)?
4. Compare the description of the two women (p. 149) with that in the first chapter.
5. Compare the atmosphere caused by the telephone call (pp. 149 ff.) with that of the first chapter.
6. Describe the scene of Daisy introducing her daughter to Gatsby.
7. Describe and comment on the situation of Tom being the host and Gatsby his guest (pp. 151–154).
8. How does the swopping of the cars come about (pp. 155 f.)?
9. Describe the scene at Wilson's garage (pp. 157–160).
10. What happens until they arrive at the Plaza Hotel (pp. 160 f.)?
11. Characterize the physical atmosphere in relation to the emotional climate (pp. 161 ff.).
12. Nick has turned thirty: How does he feel about it in that particular situation (pp. 173 ff.).

b) General topics

Analyze the phases of the confrontation between Tom and Gatsby, Daisy's behaviour during the scene and the effect on both Tom and Gatsby. Analyze the drama of Myrtle's death: 1. the facts, 2. the reactions, 3. the structure of the report. Analyze Gatsby's behaviour during the different phases of the chapter. Interpret the aftermath of that day's dramas.

Chapter eight

a) Comprehension questions

1. Sum up the facts on the morning after the accident (pp. 185 f./ pp. 191 f.).
2. Characterize Nick's and Gatsby's relationship and parting on that morning.
3. Explain the fascination that Daisy exerted on the young man (pp. 187 f.).
4. Analyze the last night of their young love affair (p. 189).
5. What has happened emotionally between Nick and Jordan (p. 195)?
6. Show the dramatic development in Wilson's emotions and decisions (pp. 197–201).
7. Characterize the part and the behaviour of Michaelis in this drama.
8. Find out about the way Wilson goes from his home to Gatsby's house.
9. Describe Gatsby's last hours before his death.
10. How is the »holocaust« discovered?

b) General topics

Write an essay on: 1. Gatsby's love and destiny. 2. Wilson's love and destiny.

Chapter nine

a) Comprehension questions

1. How the press and the law deals with the murder case (pp. 204 f.)?
2. Explain Nick's feelings about the immediate events then and in retrospect.
3. What steps does he take towards the funeral?
4. Show the different reactions of Gatsby's former friends and guests (pp. 205–208).
5. Describe Mr. Gatz and his reactions to his son's death (pp. 209 f. / 215 f.).
6. What is the image he has preserved of his son?
7. What is the image of Gatsby that Meyer Wolfsheim communicates to Nick (pp. 211–214)?
8. Describe the funeral.
9. Sum up and comment on Nick's final encounter with Jordan Baker (pp. 221 f.).
10. Sum up and comment on Nick's final encounter with Tom Buchanan (pp. 222 f.).

b) General topics

Write an essay on : 1. A dream lost, Nick's return West. 2. Nick's memories of a friendship.

c) Studies in structure, style and imagery

1. Analyze the narrative structure of the novel and its elements of drama and poetry.
2. Analyze the meaning and function of the following elements:
   a) the ocean (ch. 1, ch. 7 ch. 9 etc.)
   b) the city of New York / Long Island (ch. 1, ch. 3, ch. 4, ch. 7, ch. 8, ch. 9)
   c) the »Valley of the Ashes« (ch. 2, ch. 4, ch. 7, ch. 8)

  d) light and darkness in relation to the characters
  e) the »sound track« in the course of the novel
2. Analyze the form, function and effect of characterization:
  a) the predominantly explicit characterization in the case of Gatsby
  b) projection and explicit / implicit characterization in the case of Daisy
  c) implicit and self-characterization in the case of Nick Carraway
3. Study irony, satire, caricature, parallel, contrast, paradox as elements of characterization, plot and message.
4. Study the forms of communication:
  a) the narrator's point of view, tone, state of mind, interventions
  b) the emotional and logical structure of the dialogues
  c) Gatsby's point of view, tone, language

6.4 Background material for further study

6.4.1 The Decline of the Protestant Ethic

 »Let us go back a moment to the turn of the century. If we pick up the Protestant Ethic as it was then expressed we will find it apparently in full flower. We will also find, however, an ethic that already had been strained by reality. The country had changed. The ethic had not.

 Here, in the words of banker Henry Clews as he gave some fatherly advice to Yale students in 1908, is the Protestant Ethic in purest form:

 Survival of the Fittest: You may start in business, or the professions, with your feet on the bottom rung of the ladder; it rests with you to acquire the strength to climb to the top. You can do so if you have the will and the force to back you. There is always plenty of room at the top... Success comes to the man who tries to compel success to yield to him. Cassius spoke well to Brutus when he said, ›*The Fault is not in our stars, dear Brutus, that we are underlings, but in our natures.*‹

Thrift: Form the habit as soon as you become a money earner, or money-maker, of saving a part of your salary, or profits. Put away one dollar out of every ten you earn. The time will come in your lives when, if you have a little money, you can control circumstances; otherwise circumstances will control you...

Note the use of such active words as **climb, force, compel, control**. As stringently as ever before, the Protestant Ethic still counseled struggle against one's environment – the kind of practical, here and now struggle that paid off in material rewards. And spiritually, too. The hard-boiled part of the Protestant Ethic was incomplete, of course, without the companion assurance that such success was moral as well as practical. To continue with Mr. Clews:

›*Under the free system of government, whereby individuals are free to get a living or to pursue wealth as each chooses, the usual result is competition. Obviously, then, competition really means industrial freedom. Thus, anyone may choose his own trade or profession, or, if he does not like it, he may change. He is free to work hard or not; he may make his own bargains and set his price upon his labor or his products. He is free to acquire property to any extent, or to part with it. By dint of greater effort or superior skill, or by intelligence, if he can make better wages, he is free to live better, just as his neighbor is free to follow his example and to learn to excel him in turn. If anyone has a genius for making and managing money, he is free to exercise his genius just as another is free to handle his tools ...*‹

It was an exuberantly optimistic ethic. If everyone could believe that seeking his self-interest automatically improves the lot of all, then the application of hard work should eventually produce a heaven on earth.

Without this ethic capitalism would have been impossible, and without this ideology, society would have been hostile to the entrepreneur. Without the comfort of the Protestant Ethic, he couldn't have gotten away with his acquisitions – not merely because other people wouldn't have allowed him, but because his own conscience would not have. But now he was fortified by the assurance that he was pursuing his obligation to God, and before long, what for centuries had been looked on as the meanest greed, a rising middle class would interpret as the earthly manifestation of God's will.

But the very industrial revolution which this highly serviceable ethic begot in time began to confound it. The inconsistencies were a long while in making themselves apparent. The nineteenth-century inheritors of the ethic were creating an increasingly collective society, but steadfastly they denied the implications of it. In current retrospect the turn of the century seems a golden age of individualism, yet by the 1880 the corporation had already shown the eventual bureaucratic direction it was going to take. One of the key assumptions of the Protestant Ethic had been that success was due neither to luck nor to the environment but only to one's natural qualities – if men grew rich it was because they deserved to. But the big organization became a standing taunt to this dream of individual success. Quite obviously to anyone who worked in a big organization, those who survived best were not necessarily the fittest but, in more cases than not, those who by birth and personal connections had the breaks.

By the time of the First World War the Protestant Ethic had taken a shellacking from which it would not recover; rugged individualism and hard work had done wonders for the people to whom God in his infinite wisdom, as one put it, had given control of society. But it hadn't done so well for everyone else and now they, as well as the intellectuals, were all too aware of the fact.«

Adapted extract from **The Organization Man,** by William White in: *Past and Future,* Langenscheidt-Longman, 1983.

6.4.2 America in the 1920s

»Many things accounted for the depression in American agriculture, but pre-eminent was the loss of foreign markets. American farmers could not easily sell in areas where the United States was not buying goods because of its own import tariffs. The doors of the world market were slowly swinging shut.

Restriction of immigration during the 1920s marked a significant change in American policy. During the first 15 years of the 20th century, over 13 million people had come to the United Staes. For some time, public sentiment against unrestricted immigration had been growing. The United States no longer thought of itself as having a great internal empire to settle, and it was no longer willing to accept vast hordes of immigrants. This sentiment expressed itself in a series of measures culminating in the Immigration Quota Law of 1924 and a 1929 Act. These limited the annual number of immigrants to 150,000, to be distributed among peoples of various nationalities in proportion to the number of their compatriots already in the United States in 1920. Thus, immigration was made selective, since the stream now largely came from southern and eastern Europe instead of from the north and west. By drastically limiting numbers, the measure curbed one of the great population movements of world history, a process three centuries old.

As immigration slowed to a mere trickle, a small but significant movement of Americans to Europe was taking place. The émigrés were writers and intellectuals; dissatisfied with the United States as a home for art and thought, they emigrated chiefly to Paris.

American culture in the eyes of critics at home and abroad was both materialistic and puritanical. Symbolizing the puritanism of the period was the prohibition of the manufacture and sale of alcoholic beverages. After almost a century of agitation, this prohibition had finally been imposed in 1919 by the Eighteenth Amendment to the Constitution. Prohibition was intended to eliminate the saloon and the drunkard from America; instead, it created thousands of illicit drinking places and opened a profitable career to bootleggers. Widely violated, prohibition was morally hypocritical and, to many Americans, comparable to the widespread political corruption of the Harding era.

Relentless criticism became the dominant note in American literature. (...) It is ironic that these criticisms of America by Americans were made when the nation was experiencing a high point of general well-being.

During the 1920s it seemed as if prosperity would go on forever; even after the stock market crash in the fall of 1929, optimistic predictions continued to come from high places. But the depression deepened, millions of investors lost their life savings, business houses closed their doors, factories shut down, banks failed, and millions of unemployed walked the streets in a hopeless search for work. In American national life there had been nothing, except the long-forgotten depression of the 1870s, to compare with it.«

(from: *An Outline of American History,* United States Information Agency,1986, pp. 128 ff.)

6.4.3 Business in American Society

»Americans have what might be called a love-hate relationship with business. People tend to admire the drive and ingenuity of business people and the material benefits of their endeavors. However, some people harbor an image of the business person as a greedy manipulator who will stop at nothing in the never-ending pursuit of profit. (...)

On the other hand, works that cast business people as heroes have also been produced. The 19th-century author Horatio Alger wrote a series of popular books for boys that played endless variations on a »rags-to-riches« theme. Alger's heroes were young men who gained success in business by virtue of hard work and frugal living. Those same virtues are widely hailed as a path to success today.«

(from: Lunger, *Business and Industry,* The United States Information Agency, 1986.)

6.4.4 The Big Money

»He was a slender, active youngster, a good skater, clever with his hands; what he liked was to tend the machinery and let the others do the heavy work. His mother had told him not to drink, smoke, gamble, or get into debt, and he never did. (...)

He moved to Detroit, and in the brick barn behind his house tinkered for years in his spare time with a mechanical buggy that would be light enough to run over the clayey wagon-roads of Wayne County Michigan. By 1900 he had a practicable car to promote. (...)

He was forty years old before the Ford Motor Company was started and production began to move.

Speed was the first thing the early automobile manufacturers went after. Races advertised the makes of cars. Henry Ford himself hung up several records at the track at Grosse Pointe and on the ice on Lake St Clair. (...) But it had always been his habit to hire others to do the heavy work. The speed he was busy with was speed in production, the records, records in efficient output. (...)

Henry Ford had ideas about other things than the designing of motors (...), he had ideas about sales; that the big money was in economical quantity production, quick turnover, cheap interchangeable easily replaced standardized parts; it wasn't until 1909, after years of arguing with his partners, that Ford put out the first Model T. Henry Ford was right.

That season he sold more than ten thousand tin lizzies, ten years later he was selling almost a million a year.

Henry Ford had ideas about other things than production. He was the largest automobile manufacturer in the world...«

John Dos Passos, *U.S.A,* penguin books, 1988, pp.770 f.

6.4.5 American Poems about »The American Dream«

Walt Whitman (1819–1892)

Broadway

What hurrying human tides, or day or night!
What passions, winnings, losses, ardours swim thy waters!
What whirls of evil, bliss and sorrow, stem thee!
What curious questioning glances – glints of love!
Leer, envy, scorn, contempt, hope, aspiration!
Thou portal – thou arena – thou of the myriad long-drawn
lines and groups!
(Could but thy flagstones, curbs, facades, tell their inimitable tales;
Thy windows rich, and huge hotels – thy side-walks wide;)
Thou of the endless sliding, mincing, shuffling feet!
Thou, like the party-coloured world itself – like infinite, teeming,
mocking life!
Thou visor'd, vast, unspeakable show and lesson!

Archibald Mac Leish (1892–1982)

Land of the Free

We wonder whether the dream of American liberty
Was two hundred years of pine and hardwood
And three generations of the grass

And the generations are up: the years over

We don't know

It was two hundred years from the smell of the tidewater
Up through the Piedmont: on through the piney woods:
Till we came out

With our led calves and our lean women
In the oak openings of Illinois

It was three generations from the oak-trees –
From the islands of elm and the islands of oak in the prairie –
Till we heeled out with our ploughs and our steel harrows
On the grass-drowned reef bones of the Plains

»Fourscore and seven years« said the Orator
We remember it differently: we remember it
Kansas: Ilinois: Ohio: Connecticut.
We remember it Council Bluffs: St Louis:
Wills Creek: The Cumberland: Shenandoah –
The long harangues of the grass in the wind are our histories

We tell our freedom backward by the land
We tell our past by the gravestones and the apple trees
We wonder whether the great American dream
Was the singing of locusts on the grass to the west and the
West is behind us now;
The west wind's away from us:

We wonder if the liberty is done:
The dreaming is finished

We can't say

We aren't sure

Or if there's something different men can dream
Or if there's something different men can mean by
Liberty

Or if there's a liberty a man can mean that's
Men: not land

We wonder

We don't know

We're asking

Thomas Wolfe (1900–1938)

Four lyrical pieces

1.

There are forgotten fumeflaws of bright smoke above Manhattan,
The forests of masts about the crowded isle,
The proud cleavages of departing ships,
The soaring web, the wing-like swoop and joy of the great bridge,
And men with derby hats who come across the bridge to greet us –
Come brothers, let us go to find them all!

For the huge murmur of the city's million-footed life,
Far, bee-like, drowsy, strange as time,
Has come to haunt our ears with all its golden prophecy of golden triumph,
Fortune, happiness and love such as no men before have ever known.
Oh, brothers, in the city, in the far-shining, glorious,
Time-enchanted spell of that enfabled city
We shall find great men and lovely women, and unceasingly
Ten thousand new delights, a thousand magical adventures!

We shall wake at morning in our rooms of layish brown
To hear the hoof and wheel upon the city street again,
And smell the harbor, fresh, half-rotten,
With its bracelet of bright tides,
Its traffic of proud sea-borne ships,
Its purity and joy of dancing morning-gold.

Street of the day, with the unceasing
Promise of your million-footed life,
We come to you!
Great street of furious life and movement, noon, and joyful labors,
Your image blazes in our hearts forever, and
We come!

O youth, still wounded, living, feeling
With a woe unutterable,
Still grieving with a grief intolerable,
Still thirsting with a thirst unquenchable –
Where are we to seek?

For the wild tempest breaks above us,
The wild fury beats about us,
The wild hunger feeds upon us –
And we are
Houseless,
Doorless,
Unassuaged, and driven on forever;
And our brains are mad,
Our hearts are wild and worldless,
And we cannot speak.

(from: **The Four Lost Men**)

Robinson Jeffers (1887–1962)

The eye

The Atlantic is a stormy moat; and the Mediterranean,
The blue pool in the old garden,
More than five thousand years has drunk sacrifice
Of ships and blood, and shines in the sun; but here the Pacific
Our ships, planes, wars are perfectly irrelevant.

Neither our present blood-feud with the brave dwarfs
Nor any future world-quarrel of westering
And eastering man, the bloody migrations, greed of power, clash of
faiths –
Is a speck of dust on the great scale-pan.

Here from this mountain shore, headland beyond stormy headland plunging like
                        dolphins through the blue sea-smoke

Into pale sea – look west at the hill of water: it is half the planet:
                        this dome, this half-globe, this bulging
Eyeball of water, arched over to Asia,
Australia and white Antarctica: those are the eyelids that never
                        close; this is the staring unsleeping
Eye of the earth; and what it watches is not our wars.

Thomas Stearns Eliot (1888–1965)

The Hollow Men

A penny for the old guy

III

This is the dead land
This is cactus land
Here the stone images
Are raised, here they receive
The supplication of a deadman's hand
Under the twinkle of a fading star.

Is it like this
In death's other kingdom
Waking alone
At the hour when we are
Trembling with tenderness
Lips that would kiss
Form prayers to broken stone.

IV

The eyes are not here
There are no eyes here
In this valley of dying stars
In this hollow valley
This broken jaw of our lost kingdoms

In this last of meeting places
We grope together and avoid speech
Gathered on this beach of the tumid river

Sightless, unless
The eyes reappear
As the perpetual star
Multifoliate rose
Of death's twilight kingdom
The hope only
Of empty men.

...

V

This is the way the world ends
This is the way the world ends
This is the way the world ends
Not with a bang but a whimper.[37]

---

37 zit. nach H. Combecher, *Muse in America*, Diesterweg, Die neueren Sprachen, Beiheft 1 und: *A Treasury of English and American Verse*, ed. Fritz Krog, Hirschgraben, Frankfurt, 1957.

7. EINGESEHENE UND ZITIERTE LITERATUR

7.1 Werke des Autors

F. Scott Fitzgerald, *The Great Gatsby,* Reclam, 1989.

ebenso, Klett Schulbuchverlag, 1994.

ebenso, *Texts for English and American Studies,* ed. Pohlenz, R. Martin, Schöningh, 1984.

ders. (Übersetzung), *Der große Gatsby,* Diogenes, 1974.

ders., *This Side of Paradise,* a Penguin book, repr.1965.

ders., The Diamond as Big as the Ritz and other stories, Penguin modern classics, 1962.

ders., *Flippers and Philosophers,* New York, Scribner, 1959.

ders., *The Beautiful and the Damned,* New York, Scribner, 1972.

ders., *The Stories of F. Scott Fitzgerald.* A Selection of Stories, ed. Malcolm Cowley, New York, Scribner, 1951.

ders., *Tender is the Night,* Penguin Modern Classics, 1964.

ders., *The Pat Hobby Stories,* a Penguin book, 1970.

ders., *The Last Tycoon. An unfinished novel,* New York, Scribner, 1970.

ders., *The Crack-up. With other uncollected pieces, notebooks and unpublished letters,* ed. Edmund Wilson, New York. James Laughlin, 1945.

ders., *The Letters of F. Scott Fitzgerald,* ed. Andrew Turnbull, New York, Scribner, 1963.

ders., *The Notebooks of F. Scott Fitzgerald,* ed. Mathew Bruccoli, Margaret Duggan, New York, Random House, 1980.

7.2 Werke anderer Autoren

Russell Baker, *Growing Up,* Signet Classic, 1984.

Ernest Hemingway, *A Moveable Feast,* Penguin Books, repr. 1973.

Sinclair Lewis, *Babbitt,* Signet Classic, 1980.

Arthur Miller, *Timebends,* Methuen paperback, 1987.

John Dos Passos, *U.S.A.,* Penguin books, repr. 1988.

Studs Terkel, *Der große Krach,* Suhrkamp Tb., 1972.
American Dreams Lost and Found, Diesterweg, Frankfurt, 1982.

7.3 Sekundärliteratur zu F. Scott Fitzgerald

Bruccoli, Matthew, *F. Scott Fitzgerald,* A Descriptive Bibliography, Pittsburgh (Pa), Un. of Pittsburgh Press, 1972.

Combecher, Hans, *Muse in America,* Die neueren Sprachen, Diesterweg, Frankfurt.

Cowley, Malcolm, »*Introduction*«, in: *Three Novels of F. Scott Fitzgerald,* New York, Scribner, 1953.

Cunliffe, Marcus, *The Literature of the United States,* a Pelican book.

Galinsky, Heinz, *Deutsch-amerikanische Sprach- und Literaturbeziehungen,* Athenäum, 1974.

Haas, Rudolf, *Amerikanische Literaturgeschichte* (2), UTB, 1974.

Hermes-Handlexikon, *Die Klassiker der amerikanischen Literatur,* (hsg. M. Allié, J. Nagler), Econ Tb., 1978.

Kazin, Alfred (Hrsg.), *F. Scott Fitzgerald, The Man and his Work,* New York, London, Collier, 1962.

Kruse, Horst, *Schlüsselmotive der amerikanischen Literatur,* Studienreihe Englisch, Bagel, Düsseldorf, 1979.

LENNARTZ, FRANZ, *Ausländische Dichter und Schriftsteller unserer Zeit,* Kröner, Stuttgart, 1955.

LINK, FRANZ H., *Stilanalysen amerikanischer Erzählkunst,* Athenäum, Frankfurt, 1970.

LOCKRIDGE, ERNEST (ED.), *Twentieth Century Interpretations of The Great Gatsby,* Englewood Cliffs, 1968.

MC CORMICK, JOHN, *Der moderne amerikanische Roman,* Vandenhoek, Göttingen, 1960.

MILFORD, NANCY, *Zelda,* dtv, 1980.

MILLER, JAMES JR., *The Great Gatsby,* in: *Amerikanische Literatur des 20. Jhs.* (hsg. G. Hoffmann), Fischer Tb. Vlg., 1972.

PEROSA, SERGIO, *The Art of F. Scott Fitzgerald,* Ann Arbor, Un. of Michigan Press, 1965.

PIPER, HENRY (ED.), *Fitzgerald's »The Great Gatsby«. The Novel, the Critics, the Background,* New York, Scribner, 1970.

SCRIMGEOUR, GARY, *»Against the Great Gatsby«,* in: Lockridge, 1968.

TRILLING, LIONEL, *The Liberal Imagination,* New York, Viking, 1950.

TURNBULL, ANDREW, *Scott Fitzgerald, a biography,* New York, Scribner, 1962.

7.4 Darstellungen zu anderen Themen

BOORSTIN, DANIEL, *The Image,* A Pelican book, 1963.

ALISTAIR COOKE, *Geschichte Amerikas,* Pawlak Verlag, 1975.

ESCHER, FRANKLIN, *A brief History of the United States,* English Un. Press, 1956.

KAYSER, WOLFGANG, *Entstehung und Krise des modernen Romans,* Stuttgart, 1963.

OLSON, KEITH W., *An Outline of American History,* United States Information Agency.

STANZEL, FRANZ K., *Typische Formen des Romans,* Vandenhoeck, Göttingen, 1967.

American Dreams-American Nightmares, ed. B. Tracy, E. Helms, Schöningh, 1981.

The American Dream, ed. P. Bruck, Klett, 1990.

The New Encyclopedia Britannica, 15th ed., 1986.

Past and Future, ed. Boden, Kaußen, Renné, Langenscheidt-Longman, 1988.

A Treasury of English and American Verse, ed. Fritz Krog, Hirschgraben, Frankfurt, 1957.

Weltliteratur im 20. Jahrhundert, Autorenlexikon, Rowohlt, 1981.

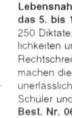

Lernhilfen aus dem C. Bange Verlag

Eine Auswahl aus unserem Programm

Romane:
Mann, Königl. Hoheit - Frisch, Homo Faber
Andres, Knabe im Brunnen - Andersch, Sansibar.

Zur Theorie der Novelle - Zur Theorie des Romans
Gliederungsvorschläge - Themenvorschläge
u.v.a.

Epochen deutsche Literatur
Kurzgefaßte Abhandlungen für den Deutschunterricht an weiterführenden Schulen.
Bestellnummern vor den einzelnen Titeln.
480 Die deutsche Romantik I
    (Frühromantik)
481 Realismus des 19. und 20. Jahrhunderts
482 Impressionismus und Expressionismus
483 Sturm und Drang
484 Die deutsche Romantik II (Spätromantik)
485 Die deutsche Klassik
486 Von der Aufklärung zum Sturm und Drang - Literaturgeschichtliche Querschnitte

Robert Hippe
Interpretationen zu 62 ausgewählten motivgleichen Gedichten
mit vollständigen Gedichtstexten
Bestell-Nr.: 0587
Der Verfasser hat die wiedergegebenen Interpretationen und Auslegungen in langen Gesprächen und Diskussionen mit Oberprimanern erarbeitet. Die hier angebotenen Deutungsversuche erheben keinen Anspruch auf die einzig mögliche oder richtigen, sondern sollen Ausgangspunkte für Weiterentwicklungen und Bearbeitungen sein.
Aus dem Inhalt: Themen wie Frühling - Herbst - Abend und Nacht - Brunnen - Liebe - Tod - Dichtung u.a.

Robert Hippe
Interpretationen zu 50 modernen Gedichten
mit vollständigen Gedichtstexten
Bestell-Nr.: 0597
Der vorliegende Band verspricht Interpretationshilfe und Deutungsversuche - in unterschiedlicher Dichte und Ausführlichkeit - für 50 vielbehandelte Gedichte im Unterricht. Materialien und Auswahlbibliographie geben den Interessenten Hilfe für den Deutsch- und Literatur-

unterricht. Für den Lehrenden eine Bereicherung zur Vorbereitung des Unterrichts. Für den Lernenden Hilfestellung bei häuslichen Arbeiten.
Aus dem Inhalt: Lasker - Schüler - Hesse - Carossa - Benn - Britting - Brecht - Eich - Kaschnitz - Huchel - Kästner - Bachmann - Piontek - Celan - Härtling - Reinig - Grass - Enzensberger u.a.

Robert Hippe
Kurzgefaßte deutsche Grammatik und Zeichensetzung
Bestell-Nr.: 0515
Ein Abriß der deutschen Grammatik systematisch und fundamental dargeboten; beginnend mit den Wortarten, Betrachtung der Satzteile und Nebensätze bis zu den Satzzeichen. Beispiele durchsetzen das Ganze und Lösungen sollen Fehler auffinden helfen. Ein nützliches, in tausenden Exemplaren bewährtes Übungs- und Nachhilfebüchlein.

Albert Lehmann
Erörterungen
Gliederungen und Materialien.
Methoden und Beispiele für den Unterricht und häusliches Arbeiten.
Bestell-Nr.: 0490
Die vorliegende Sammlung von 61 Gliederungen, die durch Erläuterungen - vornehmlich Beispiele - zu den einzelnen Gliederungspunkten erweitert sind, sollen die Wiederholung des Jahresstoffes erleichtern und Anregungen für den Unterricht geben.
Themen: Landschaftszerstörung - Berufswahl - Urlaubsreise
Stoffkreise: Gesellschaft - Natur - Tourismus - Sport - Technik - Arbeit u. Beruf - Freizeit - Konflikte zwischen den Generationen - Die Stellung der Frau in der Gesellschaft - Entwicklungsländer - Massenmedien - Ausländerfeindlichkeit u.a.

Hartwig Lödige
ABC DEUTSCH : Grammatik
Regelteil: Regeln- Beispiele - Erläuterungen
Bestell-Nr.: 0491

Übungsteil: Übungen mit Lösungen zur Grammatik
Bestell-Nr.: 0492

Diskette: Übungen mit Lösungen zur Grammatik
Bestell-Nr.: 0497

ABC DEUTSCH: Rechtschreibung

Regelteil: Regeln - Beispiele - Erläuterungen
Bestell-Nr.: 0493

Übungsteil: Übungen mit Lösungen zur Rechtschreibung
Bestell-Nr.: 0494

ABC DEUTSCH: Zeichensetzung

Regelteil: Regeln - Beispiele - Erläuterungen
Bestell-Nr.: 0495

Übungsteil: Übungen mit Lösungen zur Zeichensetzung
Bestell-Nr.: 0496

Diskette: Übungen mit Lösungen zur Zeichensetzung
Bestell-Nr.: 0498

Das Konzept der Reihe:
Die Regelbücher:
Die Inhaltsverzeichnisse sind sehr übersichtlich und klar gegliedert. Beschränkung auf das Wesentliche und Wichtige. Verständlichkeit durch Verwendung nicht nur lateinischer, sondern auch deutscher Begriffe (z.B. Hauptwort, Wie-Wort, Tu-Wort; daher (fast) ohne Vorwissen begreifbar. Systematische und verständliche Darstellung der Regeln durch einfache Sprache und klare Gliederung der einzelnen Kapitel in: 'Regel (bzw. Definition)', 'Beispiele und Erläuterungen', 'Hinweise'. Bei besonderen Schwierigkeiten Wortlisten zum Einprägen, Bilderrätsel zu Auflockerung und Überprüfung des Wissens (mit Auflösungen im Anhang). Tabellen für den Überblick. Leerseiten für Notizen. Ausführliches Register.

Die Übungsbücher:
Diese sind nach Sachgebioten gegliedert und so aufgebaut, daß Selbstlerner dank eines entsprechenden Buchumschlags die Lösungen abdecken und sich nach Beantwortung der Fragen selbst überprüfen können.
Da auf der jeweils linken Buchseite die Fragen noch einmal - natürlich mit Antworten - abgedruckt sind, können Lehrer, Nachhilfelehrer und natürlich auch Eltern das Wissen (ohne selber den Stoff beherrschen zu müssen!) problemlos abfragen.

Martin H. Ludwig
Das Referat
Kurze Anleitung zu einer Erarbeitung und Abfassung.
Bestell-Nr.: 0646

Martin H. Ludwig
Praktische Rhetorik
Reden - Argumentieren - Erfolgreich verhandeln.
Bestell - Nr.: 0688
'Praktische Rhetorik' ist ein Übungsbuch für jedermann! Ob bei der Sammlung von Gedanken, bei der Konzentration der Argumente, bei der Gestaltung einer Rede, in der Rücksichtnahme auf den Verhandlungspartner, bei der Vorsicht vor 'gefährlichen' Redewendungen.
Aus dem Inhalt: Formale Rhetorik - Dekorative Rhetorik - Verwendung von Argumenten in der Verhandlung - Psychologie in der Verhandlung - Einzelne Techniken zur Durchsetzung von Anliegen - Positive Verhandlungstechniken - Wie wehre ich mich gegen....? - Typische Verhandlungssituationen - Wann sind welche Techniken angebracht?

Methoden und Beispiele der Kurzgeschichten-Interpretationen

mit den behandelten Kurzgeschichten-Texten.
Bestell-Nr.: 0691
Herausgegeben und erstellt von einem Arbeitskreis der Pädagogischen Akademie Zams.
Methoden: Werkimmanente, existenzialistische, grammatische, stilistische, strukturelle, kommunikative, soziologische, geistesgeschichtliche, historisch/biographische/symbolische Methode.
Beispiele: Eisenreich-Cortázar-Dürrenmatt-Brecht-Horvath-Bichsel-Kaschnitz-Lenz-Weißenborn-Rinser-Borchert-Nöstlinger-Wölfel-Langgässer.
An Beispielen ausgewählter Kurzgeschichten werden die einzelnen Methoden der Interpretation demonstriert und erläutert. Informationen und Nachschlagewerk für den Unterricht in den Sekundarstufen.

Edgar Neis
Das neue große Aufsatzbuch
Methoden und Beispiele des Aufsatzunterrichts an weiterführenden Schulen.
Bestell-Nr.: 0698

Dieses Buch richtet sich an Lehrer und Schüler von weiterführenden Schulen. Ein weitverbreitetes, erfolgreiches Lern- und Übungsbuch.
Aus dem Inhalt:
Zur Technik des Aufsatzschreibens - Stoffsammlung und Disposition - Charakteristik - Erörterung - dialektischer Besinnungsaufsatz - Themen und Aufsätze zu zeitbezogenen Problemen - Aufsätze zur Literatur - Texterschließung - Interpretationshinweise - Vorschläge für Aufsatzthemen u.v.a.

Edgar Neis
Moderne deutsche Diktatstoffe
5. bis 10. Jahrgangsstufe
Bestell-Nr.: 0693
Beide Bände dienen der Einübung und Wiederholung der Rechtschreibung und Zeichensetzung. Jeder Band gliedert sich in zwei Teile, einen systematischen Teil, der zielbewußte Einübung von Wörtern, deren Schreibung Schwierigkeiten bereitet, dient und einen allgemeinen Teil. Dieser bringt zusammenhängende Diktatstoffe aus dem deutschen Schrifttum.

Edgar Neis
Interpretationen von 66 Balladen, Erzählgedichten und Moritaten
Analysen und Kommentare.
Bestell-Nr.: 1404
Balladen usw. des 18, 19. und 20. Jahrhunderts werden in dieser für Lehrer, Studenten und Schüler bestimmten Lernhilfe ausführlich interpretiert und durch Erklärungen Verständnis für diese Art Dichtung geweckt.
Als Begleitbuch für Unterricht und häusliches Arbeiten - eine Fundgrube!
Aus dem Inhalt: Bürger - Herder - Goethe - Schiller - Uhland - Eichendorff - Heine - Droste-Hülshoff - Miegel - Brecht - Huchel - Celan - Chr.Reinig - Kunert uva.

Edgar Neis
Interpretationen motivgleicher Werke der Weltliteratur
Dramatische, epische und lyrische Gestaltung der bekanntesten Stoffe der Weltliteratur werden mit knappen Inhaltsangaben vorgestellt und miteinander vergleichend interpretiert.
Band 1: Mythische Gestalten
Bestell-Nr.: 0548
Alkestis - Antigone - Die Atriden(Elektra/Orest) - Iphigenie - Medea - Phädra.

Band 2: Historische Gestalten
Bestell-Nr.: 0549
Julius Caesar - Coriolan - Der arme Heinrich - Die Nibelungen - Romeo und Julia - Jeanne d'Arc /Die Jungfrau von Orleans - Johann Joachim Winckelmann.

Edgar Neis
Verbessere Deinen Stil
Bestell-Nr.: 0539
Der Autor versucht im vorliegenden Band vom grundlegenden Schema über Wortwahl und Satzgestaltung die Interessierten zu einer guten Ausdrucksform zu führen. Stil ist erlernbar, deshalb wurden im zweiten Teil viele künstlerisch gestaltete, stilvolle Beispiele wiedergegeben.

Edgar Neis
Wie interpretiere ich ein Drama?
Methoden und unterrichtspraktische Beispiele.
Bestell-Nr.: 0697
Erstbegegnungen mit dramatischen Formen - Methoden des Interpretierens - Wege zur Erschließung und Analyse eines Dramas.
Arbeit im Detail: Titel, Personen, Handlung, Aufbau, Sprache, Realisation, Bühnengestaltung, Regieanweisungen, sozio-kulturelle und historische Einordnung usw. Modellinterpretationen.

Edgar Neis
Wie interpretiere ich Gedichte und Kurzgeschichten?
Methoden und Beispiele für häusliches Arbeiten und Unterrichtsgestaltung.
Bestell-Nr.: 1407
Ein 'Grundkurs', die Kunst des Interpretierens zu erlernen und zu verstehen. Anhand von zahlreichen Musterinterpretationen werden dem Benutzer die Wege zu einer gelungenen Erschließung eines Stoffes aufgezeigt. Standardwerk!

Reiner Poppe
Aufsatztraining für die 10. Klasse
Themen - Techniken - Beispiele
Bestell-Nr.: 0465
Anhand von vorgegebenen Textbeispielen vermittelt dieses Buch den Benutzern methodisch die Erstellung von Texten. Beispiele aus: Erzählbericht - Bericht - Beschreibung - Erörterung - dialektischer Besinnungsaufsatz - Interpretation usw.

Diktatsammlungen von Klaus Szyrba:
- **50 Kurzdiktate für das**
4. - 7. Schuljahr
mit 250 Übungsmöglichkeiten
Bestell-Nr.: 0477

- **Neue lebensnahe Diktate**
2. - 10. Schuljahr
mit zahlreichen Übungsmöglichkeiten.
200 Diktate und Übungen.
Bestell-Nr.: 0611

- **Lebensnahe Diktate 2. - 4. Schuljahr**
150 Diktate mit angegliederten
Übungsmöglichkeiten und Lösungen.
Bestell-Nr.: 0610

- **Lebensnahe Diktate 5. - 7. Schuljahr**
150 Diktate mit Lösungen und zahlreichen
Übungsmöglichkeiten.
Bestell-Nr.: 0613

- **Lebensnahe Diktate**
8. - 10. Schuljahr
100 Diktate mit Lösungen und
Übungsmöglichkeiten.
Bestell-Nr.: 0471

- **Lebensnahe Diktate**
5. - 10. Schuljahr
250 Diktate mit Lösungen,
Übungsmöglichkeiten und Tabellen.
Bestell-Nr.: 0612

- **Wege zur sicheren Recht-**
schreibung
Diktate mit Übungen für das **2. Grundschuljahr**.
Bestell-Nr.: 1409

- **Wege zur sicheren Recht-**
schreibung
Diktate mit Übungen für das **3. Grundschuljahr**.
Bestell-Nr.: 1410

- **Wege zur sicheren Recht-**
schreibung
Diktate mit Übungen für das **4. Grundschuljahr**.
Bestell-Nr.: 1411

Weitere Titel von Klaus Sczyrba:
- **Komm, wir schreiben!**
Rechtschreibübungsheft für das
2. und 3. Schuljahr.
Bestell-Nr.: 0614

- **Komm, wir schreiben!**
Rechtschreibübungsheft für das
3. und 4. Schuljahr.
Bestell-Nr.: 0616
- **Komm, wir schreiben!**
Rechtschreibübungsheft für
4. und 5. Schuljahr.
Bestell-Nr.: 0479

- **Lebensnahe Grammatik für die**
Grundschule
Übungen für das 2. - 4. Schuljahr
Bestell-Nr.: 0673

- **Lebensnahe Grammatik für die**
5. - 10. Klasse
100 Übungen mit Lösungsteil.
Bestell-Nr.: 0474

- **Schwierigkeiten mit der deutschen**
Grammatik
Übungen mit Lösungen.
Bestell-Nr.: 0694
Anhand von vielen Beispielen werden den Be-
nutzern bestehende Regeln nahegebracht. Das
Buch richtet sich an alle, die ihre Kenntnisse
auffrischen wollen; auch Ausländer, die sich mit
der deutschen Sprache vertraut machen wollen.

- **Wege zum guten Aufsatz**
Übungsbuch für das 3. bis 5. Schuljahr.
Bestell-Nr.: 0690
Spielerisch wird hier der Aufsatzunterricht mit
Übungen und Lösungsbeispielen den Kindern
der Grundschule beigebracht. Die Fundamente,
welche in der Grundschule für das
Aufsatzschreiben vermittelt werden, sollen hier
für die Kinder in heiterer Form dargestellt wer-
den.

- **Wege zum guten Aufsatz**
Übungsbuch für das 5. bis 10. Schuljahr.
Bestell-Nr.: 0472
Gerade die Benutzer dieser Altersgruppen le-
gen die Basis für einen guten Stil im Verfassen
von Texten jeder Art. Dieses Buch will hier

helfend begleiten. Anhand von Beispielen jeder Art, werden die vermeidbaren Fehler aufgezeigt und Empfehlungen gegeben, für die eigene Art Texte wiederzugeben oder zu verfassen.

Englisch

Peter Luther/Jürgen Meyer
Englische Diktatstoffe
Unter- und Mittelstufe
Bestell-Nr.: 0647
Beginnend mit einfachen Texten und Erklärungen wird hier der Benutzer des Buches mit der englischen Grammatik, Wortlehre und Rechtschreibung vertraut gemacht. Worterklärungen und Übungen zur Selbstkontrolle runden den Band ab.

Jürgen Meyer
Deutsch-englische / englisch-deutscheÜbersetzungsübungen
9. - 13. Klasse
Bestell-Nr.: 0594
Texte für Fortgeschrittene, die ihre Kenntnisse in Wortanwendung und Grammatik erweitern und überprüfen wollen.
Zu den zeitgemäßen deutschen Texten wurden die Vokabeln und deren Anwendungsmöglichkeiten gegeben und erklärt.
Am Schluß des Bandes stehen die englischen Taxte zur Selbstkontrolle.

Jürgen Meyer/Ulrich Stau
Englisch 5./6. Klasse
Übungen mit Lösungen
Bestell-Nr.: 1405
Der gesamte Stoff der 5. und 6. Klasse wird in diesem Nachhilfebuch wiederholt. Die Benutzer können anhand von Übungen ihr Wissen testen und im Lösungsteil nachschlagen.

Jürgen Meyer
Übungstexte zur englischen Grammatik
9. - 13. Klasse
Bestell-Nr.: 0567
Der Band enthält Übungsmaterial zu aktuellen Fragen usw. über das heutige Großbritannien und die USA.Die Texte sind mit ausführlichen Hinweisen zu den Vokabeln sowie Übungen zur Syntax und zum Wortschatz versehen. Diskussionsvorschläge und ein sorgfältig aufbereiteter Schlüssel bieten zusätzliche Unterrichtshilfen.

John A. Phillips
Englisch für Frustrierte
Ratgeber für Muß-Studenten und Schüler der englischen Sprache.
Bestell-Nr.: 0478
Dieses Buch ist für Leute geschrieben, denen vielleicht doch noch zu helfen ist, ihre verlorengegangene Freude an der englischen Sprache zurückzugewinnen. Der Autor, Professor für Englisch an der Uni Tokio, Verfasser mehrerer humorvoller und skurriler Bücher, hat kein Lehrbuch im üblichen Sinne geschrieben. Es ist aber auch kein Amüsierbuch allein; dazu ist es dem Verfasser mit den Menschen, die seine Sprache lernen wollen, viel zu ernst. Der Leser lernt viel, ohne belehrt zu werden. Was er bietet, will und kann kein systematisches Lehrbuch ersetzen, wohl aber 'background' schaffen, bei Kennern der Sprache manches Tüpfelchen auf das 'i' setzen und, wie erwähnt (-so auch der Titel), Frustrierte wieder zu mobilisieren.
Enjoy it....

Französisch

Werner Reinhard
Französische Diktatstoffe
Unter- und Mittelstufe - 1. bis 4. Unterrichtsjahr
Bestell-Nr.: 0532
Die nach dem Schwierigkeitsgrad geordneten Texte sind überwiegend Erzählungen und Berichte von Begegnungen des täglichen Lebens, wobei unbekannte Vokabeln beigegeben sind. Mit den Texten lernt der Schüler die gehobene Umgangssprache; d.h. Vokabular und Wendungen, die er später für die eigene Textproduktion verwenden kann. Den Texten vorangestellt sind Bemerkungen zur Rechtschreibung , die nützliche Regeln enthalten.

Werner Reinhard
Übungstexte zur französischen Grammatik
9. - 13. Klasse
Bestell-Nr.: 0543

Dieses Buch wendet sich an Lernende, die bereits einige grammatische Kenntnisse haben, sie jedoch festigen und vertiefen wollen. Es eignet sich aufgrund umfangreicher Vokabelangaben, sowie des ausführlichen Lösungsteils, zum Selbststudium und vermag bei Schülern ab Klasse 9 Nachhilfeunterricht zu ersetzen.

Die textbezogenen Aufgaben berücksichtigen insgesamt die wichtigsten grammatischen Gebiete, ein Register ermöglicht auch systematisches Vorgehen.

Werner Reinhard
Kurze moderne Übungstexte zur französischen Präposition
Bestell-Nr.: 0568

In einem lexikalischen Teil gibt das Übungsbuch zunächst einen Überblick über die Anwendungen der wichtigsten Präpositionen.

Im anschließenden Übungsteil kann der Benutzer seine Kenntnisse überprüfen. Vorherrschende Methode ist die Einsatzübung.

Anhand der Lösungen kann der Übende im Selbststudium seine Kenntnisse vervollständigen.

Geschichte

Peter Beyersdorf
Geschichts-Gerüst
Von den Anfängen bis zur Gegenwart
Bestell-Nr.: 0689

Das vorliegende Werk will keinen Ersatz für bereits bewährte Bücher dieser Art sein, sondern einem Auswahlprinzip huldigen, das speziell auf weiterführende Schulen zugeschnitten ist.

In vier Teilen werden die einzelnen Epochen vorgestellt und Wesentliches hervorgehoben.
1. Von der Antike bis zum Beginn der Völkerwanderung (ca. 3000 v.Chr. bis 375 n.Chr.).
2. Von der Völkerwanderung bis zum Ende des Mittelalters (375-1268).
3. Vom Übergang zur Neuzeit bis zum Ende des 1. Weltkriegs (1268-1918).
4. Vom Beginn der Weimarer Republik bis heute (1918-1995).

Für die Abiturvorbereitung und als Begleitbuch im Unterricht der Sekundarstufen breit einsetzbar.

Latein

Oswald Woyte
Latein-Gerüst
Der gesamte Stoff 'Latein' in übersichtlicher Anordnung und leichtverständlicher Darstellung mit Übungstexten, Übungsaufgaben und Schlüssel.
Teil 1: Formenlehre
Bestell-Nr.: 0552

Teil 3: Satzlehre
Bestell-Nr.: 0554

Teil 4: Übungsaufgaben und Schlüssel zur Satzlehre
Bestell-Nr.: 0555

Der Autor hat aus seiner Schulpraxis als OSTD die Schwierigkeiten der lateinischen Sprache für den häuslichen Übungsbereich aufbereitet und leicht faßbar erläutert. Lernanweisungen sollen das Einprägen erleichtern.

Mathematik

Lothar Deutschmann
Mathematik
Wegweiser zur Abschlußprüfung Mathematik I, II + III an Realschulen.
Anhang: Reifeprüfungsaufgaben.
Bestell-Nr.: 0644

Ein erfahrener Praktiker erteilt Nachhilfeunterricht in Mathematik für RS.

In anschaulicher Weise werden den Benutzern Aufgaben aus der Mathematik an RS vorgeführt, erklärt und mit Lösungsweg und Lösungen beschrieben.

Ruth Kirchmann
- Die 4 Grundrechenarten
Bestell-Nr.: 0488

- Bruchrechnen
Bestell-Nr.: 0489

- Prozentrechnen
Bestell-Nr.: 1413
Wenn Schüler vor Mathematik zurückschrek-
ken, so liegt es häufig an den Lücken, die irgend-
wann entstanden sind und das Verständnis des
ganzen folgenden Unterrichtsstoffes blockie-
ren.
In diesen Nachhilfebüchern, die auch zum
Nachlernen für daheim geeignet sind, finden
sich Schüler schnell zurecht.

Friedrich Nikol/Lothar Deutschmann
Algebra
Übungs- und Wiederholungsbuch für die
9. und 10. Jahrgangsstufe.
Bestell-Nr.: 0645
Ein bewährtes Buch für häusliche Arbeit und
zur Nachhilfe!

G. Joachim/W. Joachim
Formelsammlung Mathematik
5. - 10. Schuljahr
Bestell-Nr. 1408
Alle wesentlichen Definitionen, Gesetze und
Formeln aus dem Mathematik- und Informatik-
unterricht. Die einzige Formelsammlung ab dem
5. Schuljahr!

> ## Physik

Thomas Neubert
Formelsammlung Physik
8. - 13. Klasse
Bestell-Nr.: 1403
Bis zur Abiturvorbereitung werden die wesentlichen Formeln und Zusammenhänge der Physik
für den Unterricht aufgezeichnet. Klarer und
logischer Aufbau verschaffen einen schnellen
und leichten Überblick in den Bereichen Mechanik, Optik, Wärmelehre, Elektrizitätslehre, Atom-
und Kernphysik sowie spezielle Relativitäts-
theorie.

Johannes Lorenz/Lothar Deutschmann
Physik-Gerüst
Übungs- und Nachhilfebuch für die
Sekundarstufe I
Bestell-Nr.: 0617
Die Grundlagen der Physik werden hier in über-
sichtlicher und leicht faßlicher Darstellung den
Benutzern vorgelegt.
Aus dem Inhalt: Meßkunde - Allgemeine Eigen-
schaft der Körper - Mechanik fester Körper -
Mechanik der Flüssigkeiten - Mechanik der Gase
- Lehre vom Schall - Wärmelehre - Magnetismus
- Elektrizität - Geometrische Optik - Wellenoptik
usw.

Thomas Neubert
Physik 11. Klasse
Nachhilfebuch mit Lösungen.
Bestell-Nr.: 0684
Dieses Buch basiert auf den Lehrplänen Physik
11 der verschiedenen Bundesländer. Jeder be-
handelte Abschnitt ist in einen Grundlagenteil
und einen Aufgabenteil mit vollständigen Lösungen aufgeteilt.

> ## Chemie

Th.Bokorny
Chemie-Gerüst
Wegweiser und Ratgeber für Schüler und Abitu-
rienten.
Bestell-Nr.: 0674
Dieses kurze, in Tabellenform abgefaßte
Vademecum der Chemie, soll kein Lehrbuch
oder Lexikon sein, sondern die großen Linien
und wissenswerten Teile der modernen Chemie
übersichtlich klar einprägsam veranschaulichen
und in Erinnerung bringen.

H. Hoffmann
Formelsammlung Chemie
9. - 13. Klasse
Bestell-Nr.: 1402
Hier wurden die wesentlichen Formeln mit ihren
Anwendungsmöglichkeiten aufgezeichnet. Für
den Schulunterricht und für häusliches Arbeiten
ein wichtiges Hilfsmittel - echte Lernhilfe.